KLEINE
BETTLEKTÜRE
FÜR ALLE BEGEISTERTEN
FUSSBALLFANS

Kleine Bettlektüre für alle begeisterten Fußballfans

Scherz

AUSGEWÄHLT VON
FRANZ ROTTENSTEINER

Scherz Verlag, Bern München Wien

*Einbandgestaltung: Bernd und Christel Kaselow, München,
unter Verwendung einer Illustration von Tilman Michalski*

INHALT

König Fußball

Von einer Passion ist die Rede.

Wer als Kind angefangen hat, das Spiel zu lieben, ist ihm ausgeliefert, stärker als der ersten Liebe. Die kommt und oft geht sie wieder.

Der Fußball bleibt dem, den er gepackt hat, für immer, ein ganzes Leben lang.

Eine Passion sucht keine Erklärung, sie ist da.

Sie lebt immer vom Erlebten.

Sie ist unvernünftig, wenn der halbe Wochenlohn am Samstag ins Stadion getragen wird, weil die eigene Mannschaft, der geliebte Club spielt.

Sie kann fanatisch werden und grausam, sie macht glücklich oder traurig, wenn das Spiel gewonnen oder verloren wurde.

Tugendhaft ist sie selten, die Passion Fußball, aber ein wirkliches Spiegelbild des Lebens.

Hauptsache für Reiche, mehr noch für die Armen. Denn König Fußball hält ein Geschenk für sie bereit: Man ist wer auf dem Fußballplatz, beim Spiel mit dem Ball, auf der Tribüne und erst recht auf den Stehplätzen.

Man ist wer, wenn man über Fußball diskutiert.

Selber Experte, kann mitreden, hat was zu sagen.

Und keiner weiß, wie's ausgeht.

KARL VALENTIN

Fußball-Länderkampf

Große Tagesplakate kündigten einen großen Fußballkampf an. Ich hab noch nie einen solchen gesehen. Flugs eilte ich an eine Autowartestelle und frug den Führer, ob er gewillt wäre, mich zu dem heutigen Fußball-Rennen zu bringen. Nachdem mich der Autoführer aufgeklärt hatte, daß heute kein Fußball-Rennen, sondern ein Fußballkampf stattfindet, stieg ich in das Auto und fuhr los. So was von Menschen habe ich noch nie gesehen, eine direkte Völkerwanderung von der Stadt bis zum Fußballplatz. Ich zählte mindestens 5000 Autos. Wenn man bedenkt wegen einem Fußball 5000 Autos, das ist kolossal. Am Sportplatz selbst eine Menschenmasse von 50 000 Menschen, dazu 5000 Autos gerechnet, also zusammen 55 000. Am Fußballplatz angelangt, frug ich sofort einen Platzanweiser: «Wo ist die Drehbühne?» – «Drehbühne?» sagte er, «gibt es hier nicht.» – «Was», sag ich, «50 000 Menschen und keine Drehbühne? Sind Sie verrückt? Ich habe doch im Kartenvorverkauf eine Drehbühnenkarte gekauft!» Ich wies meine Karte vor, der Irrtum wurde mir klar – es war keine Drehbühnen-, sondern eine Tribühnenkarte. Ich walzte mich also zur Tribühne hinauf. Schlängelte mich amphibisch zu Platz Nr. 4376 hinauf. Ich saß. Ich saß kaum – wer stand vor mir? Ein Mann mit einem heißen Blechkessel. «Wollen Sie heiße Würstchen?» sprach er. – «Nein», sagte ich, «das Gegenteil – ich will das Fußballwettspiel sehen.» Ich zog meine Uhr aus der Tasche und sah – 4 Uhr 10. Beginn 4 Uhr.

«Wann geht es endlich los?» – Ich wurde ungeduldig und schrie aus Leibeskräften!! – Schon wieder war einer da – «Wer wünscht hier Los? Ziehung unwiderruflich Freitag, den 1. April.» Nun begann die Musikkapelle drei Musikpiècen zu spielen. Vom Fußballspiel war noch keine einzige Spur zu sehen. Die Musikkapelle spielte hierauf ein Dacapo. Währenddessen nahte ein Flieger samt Flugapparat surrend zum Flugplatz heran. – Der Flieger war hoch oben, der Platz tief unten, das Publikum ebenfalls. Es war ein ergreifendes Schauspiel. Besser hätte man es in einem Schauspielhaus auch nicht gesehen. Ich habe schon in meinem Leben viel Flieger gesehen, aber diesmal nur einen, oder besser gesagt, damals nur diesen. Als das Flugzeug sich dieses Fußballs entledigt hatte, flog es hurtig von dannen. Nachdem uns die Musik wiederum etwas geblasen hatte und das Fußballspiel noch immer nicht begann, rief ich zum zweitenmal aus Leibeskräften: «Los!!!» Wer kam wieder daher? Der Mann mit den Losen! «Ziehung unwiderruflich am Freitag, den 1. April.» – Nun wurde es mir fast zu dumm, wir wollten gehen... Sie staunen, weil ich *wir* sagte – wir waren zu zweit, ich und mein Regenschirm. Um wieder auf den Fußball zu kommen, ich vergesse nie den Anblick, wie auf dem riesigen Festplatz dieser kleine Fußball lag – einsam und verlassen. Hätte ich Tränen dabei gehabt, ich hätte dieselben geweint. Auf einmal – wir konnten es kaum erwarten – fing es endlich an... zu regnen. Von diesem Augenblick an war ich überzeugt, daß die Menschen vom Affen abstammen. Denn wie bekannt, machen doch die Affen alles nach. Beim ersten Regentropfen öffnete ich meinen Regenschirm, und siehe da – – – alle 45 000 Menschen machten mir es nach. – – Was sagen Sie dazu?

Hätte ich vielleicht meinen Regenschirm nicht aufgespannt, hätten's alle anderen auch nicht getan. Und alle 45 000 Menschen wären naß geworden bis auf die Haut, die sich ja bei jedem Menschen unter den Kleidern befindet. Plötzlich ein Fahnenschwenken, die Musikkapelle spielte dazu, und das erste Fußballbataillon marschierte mit klingendem Spiel auf das Spielfeld. Ich sprach zu meinem neben uns stehenden Freund: «Nun geht's los.» Wer stand wieder da? Der Mann mit dem Los: «Ziehung unwiderruflich am Freitag, den 1. April.» ... Es war zum Kotzen. Ich werde dieses Datum nie mehr vergessen. – Und nun begann der Anfang. Es erschienen nun die Fußballieblinge, die vom Publikum vergötterten Fußballisten. Da begannen die 45 000 Menschen ein 90 000händiges Applaudieren. Der Torwärter stand schon vor den Toren und die Musik spielte dazu ‹Am Brunnen vor dem Tore›. Alles stand kampfbereit, aber der Fußball stand noch immer allein und einsam in der Mitte. Es war bereits 4 Uhr 30 alte und 16 einhalb Uhr neue Zeit zugleich. Da ging wie ein Lauffeuer ein unleises Raunen durch die Menschenmassen... «Die Photographen kommen.» Mindestens ein halbes Dutzend Photographen ohne Ateliers bevölkerten jetzt das Spielfeld. Das Spiel begann nun – – immer noch nicht und die Kapelle spielte dazu das alte Volkslied ‹Es kann doch nicht immer so bleiben›. Das war denn auch meine Meinung, und nach einigen kürzeren Minuten erschienen endlich drei Kinooperateure. Nun trat eine Pause ein, nach deren Ende plötzlich die Sanitätsmannschaft auf dem Platze Platz nahm. Anschließend daran kam der Herr Amtsrichter – Verzeihung – Schiedsrichter, um seines Amtes zu walten. Er ging in die Mitte, pfiff und das Spiel begann. Enden tat das Spiel mit dem Sieg der einen Partei – die andere Partei hatte den Sieg verloren. Es war vorauszusehen, daß es so kam.

DINO BUZZATI

Die Fußballmeister

Sehen Sie sich bitte einmal die elf Spieler vom Sportklub Valcorta an, wie sie an einem Sonntagabend im alten Bummelzug ihres Tales von einer vernichtenden Niederlage zurückkehren – einer von vielen, leider. Elf sind sie, aber einsam und verlassen. Unterdessen gibt der Sonnenuntergang sein Schauspiel, und am violetten Himmel erheben sich, vom Zauber der Stunde geschaffen, die ragenden Gipfel zu unermeßlichen Höhen und strahlen auf die Menschen da unten ein wenig von ihrer vergeistigten Herrlichkeit aus. Aber die elf vom SK Valcorta, die in der Stadt im Tal mit sieben zu null geschlagen worden sind, sehen von alledem nichts. Jeder Stoß des Zuges, der mühsam an Höhe gewinnt, läßt ihre Köpfe, voll von bitteren und beschämten Gedanken, hin und her schaukeln. Von den bescheidenen Vulkanfiberköfferchen und von den Rucksäcken in den Gepäcknetzen baumeln fettige Lederriemen und Schnüre, die hin und her pendeln und nein-nein machen, so daß sich die elf nur noch häßlicher, verschmutzter und müder vorkommen; vollkommen ausgeschlossen von der Schönheit des Sonnenuntergangs, der draußen die Welt verklärt.

Nach der heutigen Niederlage ist die Mannschaft vom Sportklub Valcorta an der letzten Stelle der Liga angekommen; noch ein verlorenes Spiel, und sie muß absteigen. Die Letzten der Letzten also, obwohl sie tüchtige Jungen sind: einige sind zwar eher schmächtig, die anderen dafür stämmig; als Mannschaft wirken sie grob und robust.

«Und wenn man bedenkt...» Die Stimme kommt aus der dunkelsten Ecke des Wagens, aber niemand achtet auf sie.

«Junge Leute wie ihr...»

Sie schweigen noch immer, doch haben sie sich umgeblickt (nur ein ganz klein wenig) und fragen sich, wer das wohl sei. Wenn man genau hinschaut, kann man dort in der dunkelsten Ecke einen Mann erkennen, so an die Fünfzig und mit einem dünnen, noch schwarzen Schnurrbärtchen, das wie ein Mauseschwanz aussieht und an beiden Seiten des Mundes herunterhängt; außerdem trägt er Koteletten und ein auffallend gelb und lila gemustertes Hemd: ein Zigeuner, könnte man annehmen, aber ordentlich angezogen. Doch was will er nur? In was mischt er sich da ein? Wenn er ein Gespräch in Gang zu bringen hofft, irrt er sich gewaltig – da haben die elf unglücklichen Fußballspieler anderes im Kopf.

«Hi, hi... dabei wäre so wenig dazu nötig!» Der Zigeuner kichert in sich hinein, ja, man könnte sagen, er lächelt höhnisch.

Endlich antwortet einer, Jack Luciano, der Halbrechte, der energischste der Gruppe:

«Nun, was haben Sie denn zu bemerken?»

«Jungens Jungens, man könnte die Wut kriegen, wenn man bloß daran denkt... Ein Nichts, und ihr könntet in die D-Klasse aufsteigen...»

«Wieso, von wem sprechen Sie eigentlich?»

«Von euch.»

«Wer euch?»

«Von euch, von der Valcorta.»

«Und was soll das heißen?»

«Ach was, D-Klasse, C-Klasse wollte ich sagen. Und warum überhaupt C-Klasse? Nein, ihr verdient ganz etwas anderes... bestimmt, Jungens, bis in die Oberliga könntet ihr aufsteigen, und mich soll der Schlag treffen, so wahr ich Max heiße, wenn ihr nicht in spätestens zwei Jahren in die Oberliga kommt.»

«Wir, meinen Sie?»

«Ihr!»

«Wir vom SK Valcorta?»

«Ihr.»

«Wissen Sie, was ich Ihnen sage?» erklärt der dicke Mestica, der Spielführer mit seinem Kopf, der wie ein Koffer aussieht. «Sie hören jetzt auf, Unsinn zu reden!»

«Ich – Unsinn?» Er lacht höhnisch. «Nein, nein, meine Herren. Das ist ein großes Mißverständnis.»

In diesem Augenblick geht der Zug in eine

Kurve; der Widerschein der Sonne erhellt das Abteil, fällt auch auf das Gesicht des seltsamen Menschen und bringt es ans Licht.

Alle elf, wie sie es jetzt erblicken, beginnen ein Gefühl der Angst zu spüren, aber zugleich verstehen sie auch, daß man ihm glauben muß. So unwahrscheinlich die Dinge auch sein mögen, die sein Mund ausspricht, lachen kann man nicht mehr darüber.

«Also Ihrer Ansicht nach», die Stimme Mesticas ist auf einmal respektvoll, ja beinahe schüchtern geworden, «könnten wir...»

Er lacht, der Unbekannte, der sogenannte Max, auch wenn sein Lachen unangenehm ist und mit den Stößen des Wagens hüpft: «Oh, bravo. Ich habe sofort gewußt, daß ihr intelligente Jungens seid, sympathische Jungens, die auf Ratschläge hören, mit denen ihr euer Glück machen könnt...»

Doch Salasene, der Torwart, der wie ein rothaariger Bär aussieht, wirft ein: «Aber wissen Sie denn überhaupt, daß wir die letzten in der Tabelle sind? Was wollen Sie uns da erzählen? Halten Sie uns für dumm?»

«Nun, natürlich», sagt der geheimnisvolle Zigeuner und glättet seine Mäuseschwänzchen, «man muß in dieser Welt und vielleicht, hi, hi, auch in der anderen, schon zu einem kleinen Opfer bereit sein, wenn man etwas erreichen will.»

«Aber», wirft Mestica ein, «wir arbeiten alle während der Woche, der eine als Holzfäller, der andere als Maurer und der dritte beim Dammbau; wir sind doch keine reichen Leute.»

Der andere lacht nur noch mehr.

«Aber das weiß ich ja, das weiß ich ja, Jungens. Das meinte ich nicht. Das Opfer, von dem ich spreche, ist etwas ganz anderes... Eine Kleinigkeit, eine bloße Formsache sozusagen... Danach, Jungens, wer könnte euch dann noch aufhalten?»

«Und... kurz, worum handelt es sich...?»

Der Schnurrbärtige antwortet augenzwinkernd mit einer Bewegung, mit nichts als einer Bewegung seiner Hände. Und die elf sind einfache Arbeiter, die kaum lesen und schreiben können und von den Problemen der Gnade und der ewigen Verdammnis wirklich nicht viel verstehen. Dennoch hat jeder der elf sofort begriffen. Sie fühlen eine seltsame Kälte den Rücken heraufkriechen, sie hätten fast Lust, die Abteiltür aufzumachen und sich die Böschung hinunterzustürzen, aber die 7:0-Schlappe brennt, und der dämonische Zigeuner ist so vielversprechend und überzeugend. Und dann, ehrlich gestanden, was wissen sie denn von der Seele? Wozu ist sie überhaupt gut? Haben sie schon jemals praktischen Nutzen von ihr gehabt?

«Hier ist der italienische Rundfunk mit dem nationalen Programm. Wir schalten um ins Städtische Stadion von Florenz für die Direktübertragung des Oberligaspiels zwischen der ‹Fiorentina› und dem SK Valcorta... Das Stadion ist buchstäblich vollgestopft wie eine Heringsdose, man schätzt die Zahl der Zuschauer auf mindestens 60 000, und zweifellos hat Florenz heute jeden Kassenrekord geschlagen; selbst aus Rom, Turin, Mailand und Venedig sind Omnibuskarawanen eingetroffen – so brennend, ja geradezu nervenerregend ist die Spannung auf dieses Spiel, in dem in wenigen Minuten die lila Elf des italienischen Meisters und die sogenannte Wundermannschaft, die gestern noch eine unbekannte Elf aus der Provinz war und heute zu internationaler Klasse emporgestiegen ist, einander gegenübertreten werden. Dieser unerwartete und unwiderstehliche Aufstieg hat die Fachleute überrascht und ist das Hauptereignis der diesjährigen Meisterschaft. Die Gegenüberstellung ist um so erregender, als die beiden Mannschaften zum ersten Mal ihre Kräfte messen und beide bisher ungeschlagen sind...» – «... nur noch sechs Minuten sind zu spielen, die Mannschaft von Florenz gibt ihr Letztes her, um wenigstens die Ehre ihres Namens zu retten, wenn sie auch nicht mehr hoffen kann, den erdrückenden Rückstand von 7:0 einzuholen...» – «... das Publikum ist wie versteinert...»

So phantasieren die elf Spieler vom SK Valcorta müde und zerschlagen in bitterem Halbschlaf, während sie der Zug schnaufend nach Hause trägt.

Wohl hatte in der dunkelsten Ecke ein Mann mit dünnem schwarzen Schnurrbart gesessen, der wie ein Zigeuner aussah. Aber er hatte kein Wort gesprochen und noch viel weniger diabolische Vorschläge gemacht oder den süßen, geliebten Ruhm im Tausch gegen armselige, traurige Seelen angeboten; er war sogar an der letzten Haltestelle ausgestiegen, ohne überhaupt zu grüßen.

Inzwischen hat sich der Sonnenuntergang verzehrt wie ein herrliches Feuer, das nur verkohlte Scheite übrigläßt; die Nacht ist über das Tal gesunken, die Berge sind feindlich geworden, es ist kalt, und schon sieht man da oben die matten Lichter der Endstation auftauchen, wo nicht einmal ein Hund auf sie wartet.

Ein Fußballkenner ist ein Mensch, der am Samstag weiß, welche Mannschaft am Sonntag gewinnt, und der am Montag weiß, warum sie verloren hat.

«Ich hab's geschafft, zum Geburtstag meiner Frau die letzten Karten für das Endspiel zu bekommen.»
«Na, da wird sie aber überrascht sein.»

«Und wie, eigentlich wollte sie in die Oper.»

HANS BLICKENSDÖRFER

Als der liebe Gott Libero spielte

Argentinien bezeichnet sich mit einiger Selbstgefälligkeit und aus Gründen, die wir noch herausfinden wollen, als den Poncho des lieben Gottes. Es mag etwas mit Schutz, Wärme und Geborgenheit zu tun haben, die man unter der sinnvollen Einfachheit dieses Bekleidungsstücks empfindet, das aussieht wie eine aufgeschlitzte Wolldecke und mit dem alle Südamerikaner, mit Ausnahme der Brasilianer, auf die Welt zu kommen scheinen. Dafür behaupten die Brasilianer mit stolzer Unbescheidenheit «Deos e Brasileiro», Gott ist Brasilianer.

Auf alle Fälle spielt er überall in Südamerika beim Fußball mit. Wer hinter dieser Behauptung Blasphemie wittert, möge sich einmal die Kapelle im Aztekenstadion von Mexico City ansehen, wichtigster Ort vor großen Spielen im gewaltigen Labyrinth.

Ob der liebe Gott, der auch nur einen gewinnen lassen kann, nun gerade dem hilft, der am besten betet, ist zweifelhaft und soll hier nicht zur Debatte gestellt werden. Sicher ist aber, daß nicht nur Südamerikaner des lieben Gottes Hilfe suchen.

Man weiß es von den Polen, die im Eröffnungsspiel auf Deutschland prallten, und man weiß es auch von den Deutschen, die die Weltmeisterschaft mit geistlichem Beistand bestreiten.

Angefangen hat das 1970 in Mexiko. Die Evangelische Kirche schickte Wolfgang Dietrich, Dekan in Fritzlar, ins Land der Azteken, um Erfahrungen für die seelsorgerische Betreuung bei den Olympischen Spielen 1972 und der Weltmeisterschaft 1974 im eigenen Land zu gewinnen.

Es konnte nicht ausbleiben, daß Pfarrer Dietrich, selbst passionierter Fußballer und Spieler des FC Hohenkirchen bei Kassel, im deutschen Quartier von Comanchilla bei Leon schnellen und höchst positiven Kontakt mit der Mannschaft und ihren Betreuern bekam.

Damals war er 35, kaum älter als die Spieler, die nicht lange brauchten, um zu spüren, daß hier einer war, der von ihrer Nervosität und überhaupt von all ihren Problemen etwas verstand, mit dem man Dinge besprechen konnte, die einem beim Bundestrainer und selbst beim besten Kumpel kaum oder gar nicht über die Lippen gingen. Denn das große Publikum macht sich ja keine Vorstellung davon, wie oft hochbezahlte und gefeierte Stars zu hilflosen und von nagenden Zweifeln geplagten Elendshäuflein werden. Und Helmut Schön war um so froher über den unerwarteten Helfer, als ihm dieser Zustand durchaus nicht unbekannt ist.

Und natürlich kamen nicht nur die Protestanten. Die Katholiken Vogts und Overath waren sogar Dauerkunden beim Pfarrer. Nicht selten verschwand er freilich auch im Wäldchen von Comanchilla mit einem gewissen Karlheinz Schnellinger, der dann unter geistlicher Obhut seine vom Bundestrainer verpönte Verdauungszigarette rauchte. Er war schon ein wichtiger und von allen geschätzter Mann, der Pfarrer Dietrich, und so war es auch bei der Weltmeisterschaft 1974 in Deutschland.

Ein paar Jahre hat er noch für den FC Hohenkirchen gekickt, und auf dem Spielfeld tat er ähnliches wie im Leben. «Ich war», sagt er, «Mädchen für alles. So eine Art Libero.»

Der Libero des lieben Gottes sozusagen. Er wird viel Arbeit haben in Argentinien. Denn als er anfing, war ja Franz Beckenbauer dabei. Da spielte der liebe Gott Libero.

Ballspiele lassen sich bis in die Urzeit zurückverfolgen. Willi Daume, der Organisator der Olympischen Spiele von München, nannte den Ball «eine der genialsten Erfindungen der Menschheit». Auf assyrischen, ägyptischen, griechischen und römischen Reliefs sind Ballspiele abgebildet, die unter Einsatz der Füße gespielt wurden.

3000 v. Chr.

Die Erfindung des Fußballspiels wird einem mythischen chinesischen Kaiser zugeschrieben. Das Ballspiel soll anfangs der körperlichen Ertüchtigung der Soldaten gedient haben, um ihre Gelenkigkeit zu erhöhen.

Ca. 50 v. Chr.

Aus der Zeit der Han-Dynastie in China ist eine Spielbeschreibung erhalten, in der das Spiel «Tsu chu» genannt wird.

500 n. Chr.

In dieser Zeit ist aus Japan ein Ballspiel bekannt, das «Kemari» genannt wurde.

Im Altertum waren bei Griechen und Römern Ballspiele sehr beliebt, die man zu den Ursprüngen des heutigen Fußballs rechnen kann. In Britannien fanden die Römer aber bereits Ballspiele keltischen Ursprungs vor. Bei den alten Griechen hieß das Fußballspiel

Episkyros, die Römer nannten es harpastum. Der Arzt Galen (129–199) aus Pergamon befaßte sich schon mit der Technik des Spiels.

Als Odysseus bei den Phäaken strandete, rettete ein Ball den Irrfahrer. Seine Schutzgöttin Athene veranlaßte durch einen Traum Nausikaa, die Tochter des Inselkönigs, zu einem Ballspiel. Das Lärmen der Freundinnen am Strand, ihr Kreischen, erweckte den «edlen Odysseus».

Im Mittelalter spielte man bereits in Florenz das »Calcio», im Rahmen eines großen Festes. Dieses Spiel wird auch heute noch zweimal jährlich auf der «Piazza della Signoria» gespielt.

1147 Einer Chronik aus dem Jahr 1147 läßt sich entnehmen, daß im Kloster Auxerre jeder Novize mit sieben Bällen zum Vergnügen und zur allgemeinen Fitneß beizutragen hatte.

Die Franzosen nannten ihr Tretballspiel «Soule».

1175 In einer Beschreibung Londons schildert William Fitzstephan, wie die städtische Jugend in der Fastnacht das Ballspiel pflegte. In England hieß der dem Fußball vorbehaltene Fastentag «Footballday».

Auch in Italien und Frankreich scheint der

mittelalterliche Fußball – wie bei den Chinesen – als Festtagsspiel während der Fastenzeit zu bestimmten Terminen ausgetragen worden zu sein.

1205 Layamon berichtet von der Krönung des mythischen Königs Artus, bei der die Gäste Bälle auf das Feld hinaus schossen.

Um 1300 wird das Fußballspiel in einer Ballade Sir Hugh of Lincoln's erwähnt.

1314 König Eduard II. erläßt eine Proklamation, derzufolge das Fußballspiel für alle Zukunft unter Androhung von Haft verboten wird. Grund: «wegen des großen Lärmes». Das Verbot scheint wenig bewirkt zu haben, denn bald darauf verbot Bürgermeister Nicholas das Spiel neuerlich.

Im gleichen Jahrhundert sprach sich Eduard III. gegen das in den Augen der Obrigkeit wohl allzu beliebte Spiel aus, weil es «die Bevölkerung von den nützlichen Waffenspielen abhalte».

1319 In Frankreich wurde der Fußball von Philipp V. gleichfalls verboten.

1369 Als mit dem Bau der Bastille begonnen wurde, erließ Karl V. ein weiteres Fußballverbot in Frankreich. Die Fußballspiele scheinen oft in förmliche Schlachten ausgeartet zu sein, an denen sich ganze Dörfer beteiligten.

1490 In Italien wird das Fußballspiel erstmals urkundlich erwähnt. Florenz war die Hauptpflegestätte des «Gioco del Calcio». Piero de Medici engagierte 1492 namhafte Spieler aus dem ganzen Land nach Florenz. Familienfeste der Fürsten wurden durch Fußballdarbietungen bereichert.

16. Jahrhundert
Aus England liegt eine Spielbeschreibung vor, die in der Art ihrer Regeln bereits als Vorläuferin heutiger Spiele angesehen werden kann.

1536 Als Alessandro de Medici 1536 Margarete, die Tochter Kaiser Karls V., heiratete, trat eine Ur-Fiorentina zum festlichen Fußballspiel an.

1555 In Venedig erscheint das erste Fußballehrbuch *Trattato del guico della Palla,* in dem das Fußballspiel eingehend dargestellt wird. Verfasser ist ein gewisser Antonio Scaino.

1600–1688 Unter den ersten Stuart-Königen wurde das Fußballspiel nicht verboten, sondern durch Vorschriften geregelt. Man achtete vor allem darauf, daß die Sonntagsruhe eingehalten wurde. Das Fußballspiel war aber bis weit ins 19. Jahrhundert hinein ein Spiel für die Massen ohne feste Regeln.

1738 Beim Besuch Kaiserin Maria Theresias in Florenz wurde auch ein Fußballspiel vorgeführt. Die Kaiserin soll begeistert «da capo» gerufen haben. Die Fußballer von Florenz unternahmen auch bereits Gastspiele im Ausland.

1862 Die angesehenen Schulen in Eton, Westminster, Charterhouse und Harrow einigten sich auf ein Spiel nur mit den Füßen. Diese Regeln wurden 1862 als «Cambridge-Regeln» festgeschrieben und erlangten für den britischen Fußball-Verband, die Football Association, Geltung. Galt das Fußballspiel früher vornehmlich als Spiel der unteren Klassen, wurde es nun auch in den Internaten der Oberklasse immer beliebter.

1863 Der englische Fußball-Verband wird gegründet, und die ihm angehörenden Vereine bekennen sich zu gleichen Regeln und Satzungen. Die Zahl der Spieler wurde mit elf festgelegt. Die Mannschaften bestanden zunächst aus einem Torwart, einem Verteidiger, einem Läufer und acht Stürmern.

1883 setzte sich die «moderne» Gliederung durch: ein Tormann, zwei Verteidiger, drei Läufer und fünf Stürmer. Damals war es noch gestattet, den Gegner auch dann zu attackieren, wenn er nicht im Ballbesitz war. Anfänglich wurden die Spiele von drei Schiedsrichtern geleitet, aus denen später ein Schieds- und zwei Linienrichter wurden.

1885 wurden bereits «Berufsspieler» von der Football Association anerkannt.
1895 Der Schweizer Fußball-Verband mit Sitz in Bern wird gegründet.
1900 «1. Allgemeiner Deutscher Fußballtag» im Mariengarten zu Leipzig. Der Deutsche Fußball-Bund (DFB) wird gegründet. 86 Vereine entsandten 36 Vertreter.
1902 wurde die erste deutsche Fußball-Meisterschaft ausgetragen. Sieger: VfB Leipzig, 1903.
1904 Gründung der FIFA in Paris, mit Sitz in Zürich.
1904 Gründung des Österreichischen Fußball-Verbandes.
1908 Der Fußball wird in die Olympischen Spiele aufgenommen.
1921 Fußballtoto in England eingeführt (1938 auch in der Schweiz, 1948 in der BRD, 1949 in Österreich).
1930 Erste Fußball-Weltmeisterschaft (in Montevideo; Sieger: Uruguay).
1949 Neugründung des DFB in Stuttgart.
1954 Gründung der UEFA, Sitz in Bern.
1955/56 Der Europapokal der Landesmeister wird eingeführt.
1959/60 Der Europapokal der Pokalsieger wird eingeführt.

F.C. DELIUS

Vier Londoner Limericks

Ein jüngerer Herr namens Seeler
spielt Fußball ohne viel Fehler.
Und schießt er ein Tor
mit Bein oder Ohr,
dann jubeln Willy Brandt's Wähler.

Die muntere Elsbeth aus Lauer
war scharf auf den Franz Beckenbauer.
Sie lud ihn ein,
eine Nacht sie zu frein –
beneidet vom Weibsvolk aus Lauer.

I met Bobby Moore, he told me:
So sorry, it was the referee.
I know how to play
football and say:
the third goal was no goal, maybe.

Ein älterer Herr aus Bonn/Rhein
sagt: Das dritte Tor war sehr fein.
Ich hab' im Fernsehn
es selber gesehn
mit meinen ganz feinen Äuglein.

GIOVANNINO GUARESCHI

Die Niederlage

Der Kampf bis aufs Messer, der nunmehr fast ein Jahr dauerte, wurde von Don Camillo gewonnen. Ihm gelang es, sein «Erholungsheim des Volkes» fertigzubauen, als an Peppones «Haus des Volkes» noch alle Beschläge fehlten. Das «Erholungsheim des Volkes» war eine sehr gelungene Sache: ein Veranstaltungssaal, eine Bibliothek mit einem Lese- und Schreibraum, eine Halle für Sportveranstaltungen und Spiele im Winter. Außerdem ein schöner Sportplatz im Freien mit einer Laufbahn, einem Schwimmbecken, einem Kindergarten mit Schaukeln, Turngeräten und so weiter. Das Ganze war zum größten Teil natürlich noch im Anfangsstadium, in allen solchen Dingen aber ist der Anfang das Wichtigste.

Für die Eröffnungsfeier stellte Don Camillo ein erstklassiges Programm zusammen: Gesangschöre, athletischer Wettbewerb und ein Fußballspiel. Don Camillo hatte nämlich eine wirklich phantastische Mannschaft zusammengestellt und sich dieser Arbeit mit einer solchen Leidenschaft gewidmet, daß man nach den acht Monaten der Übungen berechnen konnte, daß die Fußtritte, die Don Camillo allein den elf Spielern versetzt hatte, weitaus zahlreicher waren, als alle elf Spieler in denselben acht Monaten einem einzigen Ball versetzen konnten.

Peppone wußte alles und kaute bitter daran. Er konnte es nicht erlauben, daß die Partei, die wirklich das Wohl des Volkes vertrat, in der von Don Camillo eröffneten Wette um das Wohl des Volkes ins Hintertreffen geriet. Und als ihn Don Camillo wissen ließ, er sei bereit, «seine Sympathie für die rückständigsten sozialen Schichten des Ortes» unter Beweis zu stellen und der kleinen Fußballmannschaft «Dynamos» großzügig zu erlauben, sich mit seiner «Gagliarda» zu messen, da wurde Peppone blaß, ließ die elf Jünglinge von der Sportmannschaft der Parteisektion rufen, stellte sie in Habtachtstellung auf und hielt folgende Rede: «Ihr werdet gegen die Mannschaft des Pfarrers spielen. Ihr müßt siegen oder ich richte eure Gesichter so zu, daß euch eure Mütter nicht mehr erkennen werden! Die Partei befiehlt es so, um der Ehre des unterdrückten Volkes willen!»

«Wir werden siegen!» erwiderten die Elf, die vor Schreck schwitzten.

Als er das erfuhr, versammelte Don Camillo die Männer der «Gagliarda» und erstattete Bericht darüber.

«Wir sind hier nicht unter groben und wilden Leuten, wie es bei den anderen der Fall ist», schloß er lächelnd. «Infolgedessen können wir als anständige Ehrenmänner darüber reden. Mit Gottes Hilfe werden wir sie sechs zu null abfertigen. Ich will nicht drohen, ich betone nur, daß die Ehre der Pfarre in euren Händen liegt. Besser gesagt in euren Beinen. Jeder tue seine Pflicht als guter Staatsbürger. Sollte sich natürlich herausstellen, daß es unter euch irgendeinen Gauner gibt, der sich nicht bis zum äußersten für die gute Sache einsetzt, dann wißt ihr, daß ich mich mit Peppones Tragödien, das heißt mit der Behandlung eurer Gesichter, nicht begnüge. Einem solchen werde ich durch Fußtritte das Hinterteil in Staub verwandeln.»

Zur Eröffnungsfeier erschien der ganze Ort. Allen voran Peppone mit gesamtem Anhang, feuerrote Tücher um den Hals. Als «Bürgermeister im allgemeinen» beglückwünschte er Don Camillo zu dieser Initiative und als «Vertreter des Volkes im besonderen» drückte er gelassen seine Hoffnung aus, daß diese Initiative keinen unwürdigen Zwecken der politischen Propaganda dienen werde, wie es so manches böswillige Gerücht behaupte.

Während des Chorgesanges fand Peppone eine Gelegenheit, Brusco gegenüber die Bemerkung zu machen, daß der Gesang im Grunde genommen auch ein Sport sei, der die Lungen entwickelt. Und Brusco antwortete mit einer wahrhaft herrschaftlichen Ruhe, daß die Sache seiner Meinung nach der physischen Stärkung der katholischen Jugend noch mehr dienen würde, wenn die Jugendlichen ihren Gesang mit angemessenen Bewegungen begleiten, durch die nicht nur die Muskeln der Lunge, sondern auch jene der Arme gestärkt würden.

Während einer Partie Volleyball sagte Peppone mit aufrichtiger Überzeugung, daß auch das Reifenspiel außer seiner unzweifelhaften athletischen Bedeutung auch eine äußerst feine Anmut besitze, und wunderte sich, daß im Programm kein Wettbewerb im Reifenspiel enthalten sei.

Da diese Bemerkungen mit einer solchen Diskretion ausgedrückt wurden, daß man sie leicht auf sechshundert Meter Entfernung hören konnte, spannten sich bei Don Camillo die Halsadern so, daß sie wie zwei Akazienstämme ausschauten. Mit unbeschreiblicher Ungeduld wartete er auf den Augenblick des großen Fußballspiels. Dann würde er das Wort haben.

Und der Augenblick des Spieles kam. Weißes Leibchen mit einem großen schwarzen «G» auf der Brust: die Elf der «Gagliarda». Rotes Leibchen mit Hammer und Sichel und einem fünfzackigen Stern, mit einem eleganten «D» verflochten, bei den Elf von den «Dynamos».

Das Volk pfiff aber auf Symbole und begrüßte die Mannschaft auf seine Art:

«Viva Peppone!» oder «Viva Don Camillo!»

Peppone oder Don Camillo wechselten einen raschen Blick und begrüßten sich dann mit großer Würde, indem sie ihre Köpfe leicht neigten.

Der Schiedsrichter war neutral: der Uhrmacher Binella, unpolitisch seit seiner Geburt. Nach den ersten zehn Minuten des Spieles näherte sich der Feldwebel der Karabinieri Peppone, blaß wie eine Leiche, gefolgt von zwei anderen, die auch so bleich waren.

«Herr Bürgermeister», stotterte er, «glauben Sie nicht, daß ich telephonisch aus der Stadt Verstärkung verlangen soll?»

«Sie können, wenn Sie wollen, eine ganze Division verlangen, wenn aber diese Fleischhauer hier mit dem harten Spiel nicht aufhören, wird niemand verhindern können, daß ein Leichenhaufen bis zur Höhe des dritten Stockwerkes entsteht! Nicht einmal seine Majestät der König könnte es verhindern, das sage ich Ihnen! Verstanden?» brüllte Peppone und vergaß dabei, so aufgebracht war er, daß man schon längst in der Republik lebte.

Der Feldwebel wandte sich Don Camillo zu, der einen Meter entfernt war.

«Glauben Sie, daß . . .» stotterte er. Don Camillo ließ ihn aber nicht beenden.

«Ich», brüllte er, «ich glaube ganz einfach, daß nicht einmal die Intervention der Amerikaner persönlich verhindern könnte, daß man hier in Blut schwimmt, wenn diese verfluchten Bolschewiken nicht aufhören, mir meine Leute zugrunde zu richten, indem sie ihnen Schläge an die Schienbeine versetzen.»

«Geht in Ordnung», sagte der Feldwebel und ging mit seinen zwei Leuten, sich in der Wachstube zu verbarrikadieren, weil er sehr gut wußte, daß bei solchen Anlässen die Menge zum Schluß die Feierlichkeiten dadurch zu beenden pflegt, daß sie die Wachstube der Karabinieri in Brand zu setzen versucht.

Das erste Tor erzielte die «Gagliarda», worauf ein Gebrüll entstand, das den Kirchturm bis in die Grundmauern erzittern ließ. Mit aufgelöstem Gesicht wandte sich Peppone Don Camillo zu, ballte die Fäuste und wollte sich auf ihn stürzen. Don Camillo erwiderte, indem er sich zur Abwehr stellte. Es fehlte noch ein Millimeter zum Zusammenstoß. Don Camillo bemerkte aber aus den Augenwinkeln, daß die Menge auf einmal wie versteinert war, und daß aller Augen auf ihm und auf Peppone hafteten.

«Wenn wir jetzt raufen, geschieht hier die Schlacht von Maclodio», sagte Don Camillo zwischen den Zähnen.

«Gut, ich mache es für das Volk», erwiderte Peppone und nahm sich wieder in Gewalt.

«Und ich für die Christenheit», sagte Don Camillo.

Es geschah nichts. Als aber nach einigen Minuten die erste Spielhälfte beendet war, versammelte Peppone die «Dynamos». «Faschisten!» sagte er mit einer Stimme, die voll Verachtung war.

Dann packte er Smilzo, den Mittelstürmer, am Halse.

«Du Schwein, du Verräter, hast du denn vergessen, daß wir zusammen im Gebirge waren und daß ich dir dreimal die Haut gerettet habe. Wenn du binnen der ersten fünf Minuten kein Tor erzielst, ziehe ich sie dir diesmal ab, die Haut nämlich!»

Als die zweite Spielhälfte begann und Smilzo zum Ball kam, legte er los. Er arbeitete mit dem Kopf, mit den Beinen, mit den Knien, mit dem Gesäß; einmal biß er sogar in den Ball, spuckte die halbe Lunge heraus, zerriß sich die Milz, in der vierten Minute jagte er aber den Ball ins Tor.

Dann warf er sich auf den Boden und rührte sich nicht mehr. Don Camillo ging auf die entgegengesetzte Seite des Spielfeldes, um nicht in Versuchung zu kommen. Der Tormann der «Gagliarda» bekam vor Angst Fieber.

Die Roten schlossen sich zur Verteidigung zusammen und es gab kein Mittel, den Kreis zu durchbrechen. Dreißig Sekunden vor Schluß pfiff der Schiedsrichter ein Foul. Strafschuß gegen «Gagliarda».

Der Ball flog. Nicht einmal Zamora hätte eine solche Ecke halten können.

Nunmehr war das Spiel beendet: Die einzige Aufgabe der Leute Peppones war es, die Spieler zu sammeln und sie in Sicherheit zu bringen. Der Schiedsrichter war unpolitisch: Er half sich selbst.

Don Camillo verstand nichts mehr. Er lief in die Kirche und kniete vor dem Altar nieder.

«Herr», sagte er, «warum hast Du mir nicht geholfen? Ich habe verloren.»

«Und warum hätte ich dir und nicht den anderen helfen sollen? Zweiundzwanzig Beine auf deiner Seite, zweiundzwanzig Beine auf der anderen. Don Camillo, alle Beine sind gleich. Ich kann mich nicht auch mit den Beinen beschäftigen. Ich beschäftige mich mit den Seelen. Da mihi animas, cetera tolle! Den Körper überlasse ich der Erde. Don Camillo, es gelingt dir also nicht, deinen Verstand wiederzufinden?»

«Es geht mühsam, aber ich finde ihn schon», antwortete Don Camillo. «Ich wollte nicht, daß Du persönlich die Beine meiner Leute führst. Um so mehr, da sie besser sind als die Beine der anderen. Ich sage nur, daß Du nicht verhindert hast, daß die Unanständigkeit eines Menschen meine Leute mit einem nicht begangenen Foul belastet.»

«Irrt nicht manchmal der Priester bei der Messe, Don Camillo? Warum gibst du nicht zu, daß auch ein anderer irren kann, ohne im schlechten Glauben zu handeln?»

«Man kann zugeben, daß der Mensch in allem irren kann. Nicht aber als Schiedsrichter beim Sport! Wenn der Ball im Spiel ist...»

«Don Camillo scheint zu denken, nicht schlechter als Peppone, aber geradezu schlechter als Fulmine, der überhaupt nicht denkt», fuhr Christus fort.

«Auch das ist wahr», gab Don Camillo zu. «Aber Binella ist doch ein Gauner.»

Er konnte nicht fortsetzen, weil man hörte, wie sich ein enormes Gebrüll näherte, und in diesem Augenblick kam ein Mensch dahergerannt, aufgelöst, um Atem ringend, mit schreckverzerrtem Gesicht.

«Sie wollen mich erschlagen», schluchzte er. «Retten Sie mich!»

Die Menge war vor dem Tor und wollte herein. Don Camillo faßte einen Leuchter von einem halben Zentner und hob ihn drohend.

«Im Namen Gottes» schrie er, «zurück! oder ich schlag euch die Köpfe ein! Wißt, daß jeder, der die Kirche betritt, heilig und unberührbar ist!»

Die Leute schwankten.

«Schämt euch, ausgelassene Horde! Zurück in eure Ställe und betet zu Gott, daß er euch eure Bestialität verzeihe.»

Die Leute senkten die Köpfe, verwirrt und still, und machten Anstalten, wegzugehen.

«Bekreuzigt euch!» befahl Don Camillo. Mit

dem erhobenen Leuchter in seiner Zyklopenhand, groß wie ein Berg, stand er wie ein Samson da.

Alle bekreuzigten sich.

«Zwischen euch und dem Gegenstand eures tierischen Hasses steht das Kreuz, das jeder von euch mit seiner Hand zeichnete. Wer dieses Hindernis verletzt, ist ein Schänder. Und jetzt zurück!»

Er kam wieder herein und verriegelte das Tor. Es war aber nicht mehr notwendig. Der Mann war auf eine Bank gesunken und rang noch immer nach Atem.

«Danke, Don Camillo», flüsterte er.

Don Camillo antwortete nicht. Er ging eine Weile hin und her und blieb dann vor dem Mann stehen.

«Binella!» sagte Don Camillo, zitternd vor Aufregung. «Binella, hier vor mir und vor Gott kannst du nicht lügen! Es war kein Foul! Wieviel hat dir dieser Gauner Peppone für ein Foul gegeben, wenn das Spiel unentschieden zu bleiben schien?»

«Zweitausendfünfhundert Lire.»

«Hmmm!» muhte Don Camillo und hielt ihm seine Fäuste vor die Nase.

«Aber...», jammerte Binella.

«Weg!» brüllte Don Camillo, indem er ihm die Türe zeigte.

Als er allein war, wandte sich Don Camillo zu Christus.

«Habe ich Dir nicht gesagt, daß dies eine verfluchte, verkaufte Seele ist? Habe ich mich nicht mit Recht aufgeregt?»

«Nein, Don Camillo», antwortete Christus. «Die Schuld ist dein, weil du Binella für denselben Dienst zweitausend Lire angeboten hattest. Als ihm dann Peppone fünfhundert mehr anbot, nahm er den Vorschlag Peppones an.»

Don Camillo breitete die Arme aus.

«Jesu», sagte er, «aber... Wenn wir jetzt so anfangen, dann bin ich zum Schluß der Schuldige!»

«Genau so, Don Camillo. Als du, ein Priester, ihm das erste Geschäft vorgeschlagen hattest, hatte er mit Recht denken können, daß es ein erlaubtes Geschäft ist. Und erlaubtes Geschäft hier, erlaubtes Geschäft dort, man nimmt, was mehr trägt.»

Don Camillo senkte den Kopf.

«Willst Du damit sagen, daß es also meine Schuld ist, daß dieser Unglückliche von meinen Leuten geschlagen wurde?»

«In einem gewissen Sinne ja, weil du diesen Menschen in Versuchung gebracht hast. Deine Schuld wäre aber größer, wenn Binella dein Angebot angenommen und das Foul zugunsten deiner Leute erlaubt hätte.

Die Roten hätten ihn nämlich daraufhin aufgehängt. Und sie hättest du nicht aufhalten können.»

«Letzten Endes», sagte Don Camillo nachdenklich, «ist es besser, daß die anderen gesiegt haben.»

«Genau so, Don Camillo.»

«Jesu, dann danke ich Dir, daß Du mich verlieren ließest. Und wenn ich Dir sage, daß ich die Niederlage unbeschwerten Herzens hinnehme, als eine Strafe für meine Unanständigkeit, dann mußt Du mir glauben, daß ich wirklich bereue. Denn, wie soll man denn nicht vor Wut platzen, wenn man sieht, daß eine solche Mannschaft verliert, eine Mannschaft, die – ohne mich loben zu wollen – in der B-Liga spielen könnte, eine Mannschaft, die zweitausend solche ‹Dynamos› ohne Öl und Essig schlucken könnte... Glaube mir, es ist herzzerreißend, und es schreit um Rache zu Gott!»

«Don Camillo!» ermahnte Christus lächelnd.

«Nein, Du kannst mich nicht verstehen», seufzte Don Camillo. «Der Sport ist etwas ganz anderes. Wer darin steckt, der steckt eben darin, und wer nicht darin steckt, der steckt halt nicht darin. Drücke ich mich klar aus?»

«Nur allzu klar, mein armer Don Camillo. Ich verstehe dich so gut, daß ich... Na gut, wann ist das Revanchespiel?»

Don Camillo sprang auf, und das Herz quoll ihm vor Freude über.

«Sechs zu null!» schrie er. «Sechs Bälle, die sie nicht einmal an den Torstangen vorbeifliegen sehen werden! So wie ich jetzt diesen Beichtstuhl dort treffe!»

Er warf seinen Hut in die Luft, und, ihn mit dem

Fuß im Fluge erreichend, jagte er ihn durch das Fenster des Beichtstuhles.

«Tor!» sagte Christus lächelnd.

ÖDÖN VON HORVÁTH

Legende vom Fußballplatz

Es war einmal ein armer kleiner Bub, der war kaum sieben Jahre alt, aber schon loderte in ihm eine Leidenschaft: er liebte den Fußball über alles.

Bei jedem Wettspiel mußte er dabeigewesen sein: ob Liberia gegen Haidhausen, ob Belutschistan gegen Neukölln – immer lag er hinter einem der Tore im Grase (meistens bereits lange vor Beginn) und verfolgte mit aufgerissenen runden Kinderaugen den mehr oder minder spannenden Kampf. Und wenn ein Spieler grob rempelte, ballten sich seine Händchen erregt zu Fäusten, und mit gerunzelter Stirne fixierte er finster den Übeltäter. Doch wenn dann vielleicht gar gleich darauf des Schicksals Laune (quasi als Racheakt) ein Goal schoß, so tanzte er begeistert und suchte strahlend all den anderen, die um ihn herum applaudierten, ins Antlitz zu schauen. Die anderen, die neben ihm lagen, waren ja meistens schon um ein oder zwei

Jahre älter, und andächtig horchte er, wenn sie sich in den ungeheuerlichsten hochdeutschen Fachausdrücken, die sie weiß Gott wo zusammengehört hatten, über die einzelnen Spieler und Klubs ergingen; ergriffen lauschte er trüben Weissagungen, bis ihn wieder ein wunderbar vollendet geköpfter Ball mitriß, daß sein Herz noch höher flog wie der Ball. So saß er oft im nassen Grase. Stundenlang.

Der Novemberwind schmiegte sich an seinen schmalen Rücken, als wollte er sich wärmen, und hoch über dem Spielplatz zog die Fieberhexe ihre Raubvogelkreise.

Und als der Schlußpfiff verklungen war, da dämmerte es bereits; der kleine Bub lief noch einmal quer über das Feld und ging dann allein nach Hause. In den leeren Sonntagsstraßen war es ihm einige Male, als hörte er Schritte hinter sich: als schliche ihm jemand nach, der spionieren wolle, wo er wohne. Doch er wagte nicht umzuschauen und beneidete den Schutzmann, der solch große Schritte machen konnte. Erst zu Hause, vor dem hohen, grauen Gebäude, in dem seine Eltern den Gemüseladen hatten, sah er sich endlich um: ob es vielleicht der dicke Karl ist, mit dem er die Schulbank teilt und der ihn nie in Ruhe läßt – aber es war nur ein dürres Blatt, das sich mühsam die Straße dahinschleppte und sich einen Winkel suchte zum Sterben.

Und am Abend in seinem Bette fror er trotz

tiefroter Backen; und dann hustete er auch, und es hob ihn vornüber, als haute ihm der dicke Karl mit der Faust in den Rücken.

Nur wie durch einen Schleier sah er seiner Mutter Antlitz, die am Bettrande saß und ihn besorgt betrachtete; und er hörte auch Schritte im Zimmer, langsame, hin und her: das war Vater.

Der Nordwind hockte im Ofenrohr, und zu seinem Gesumm fingen Regenbogen an, einen Reigen um ihn zu tanzen. Er schloß die Augen. Da wurde es dunkel. Und still. Doch nach Mitternacht wich plötzlich der Schlaf, und feine Fingerknöchelchen klopften von außen an die Fensterscheibe – und er hörte seinen Namen rufen – «Hans!» rief eine sanfte Stimme – «Hans!»

Da erhob er sich aus seinem Bette, trug einen Stuhl vor das Fenster, erkletterte ihn und öffnete –: draußen war tiefe stille Nacht; keine Trambahn läutete mehr, und auch die Gaslaterne an der Ecke war schlafengegangen, und – vor seinem Fenster im vierten Stock schwebte ein heller Engel; der ähnelte jenem, welcher Großvaters Gebetbuch als Spange umschloß, nur, daß er farbige Flügel hatte: blau und gelb: das waren die Farben des Fußballvereins von Oberhaching; der rechte rosa und grün: das waren die Farben dessen von Unterhaching; seine schmalen Füße staken in purpurnen Fußballschuhen; an silberner Sternenschnur hing um seinen Schwanenhals eine goldene

Schiedsrichterpfeife, und in den durchsichtigen Händen wiegte sich ein mattweißer Fußball.

«Schau», sprach der Engel, «schau!» und köpfte den Ball kerzengerade in die Höhe; der flog, flog – bis er weit hinter der Milchstraße verschwand.

Dann reichte der Himmlische dem staunenden Hans die Hand und lächelte:

«Komm mit – zum Fußballwettspiel –.»

Und Hans ging mit.

Wortlos war er auf das Fensterbrett gestiegen, und da er des Engels Hand ergriffen, war es ihm, als hätte es nie einen dicken Karl gegeben. Alles war vergessen, versank unter ihm in ewigen Tiefen – und als die beiden an der Milchstraße vorbeischwebten, fragte der kleine Bub: «Ist es noch weit?»

«Nein», lächelte wieder der Engel, «bald sind wir dort.»

Und weil Engel nie lügen, leuchtete bald durch die Finsternis eine weiße rechteckige Fläche, auf die sie zuflogen. Anfangs glaubte Hans, es wäre nur ein Blatt unliniertes Papier, doch kaum, daß er dies gedacht hatte, erfaßte sein Führer auch schon den Rand; nur noch ein Klimmzug – und es war erreicht!

Doch wie erstaunte da der kleine Bub!

Aus dem Blatt unliniertem Papier war eine große Wolke geworden, deren Oberfläche ein einziger herrlich angelegter Fußballplatz war; auf buntbewimpelten Tribünen saßen Zuschauer, wie sie in solcher Zahl unser Kleiner noch bei keinem Wettspiel erlebt hatte. Und das ganze Publikum erhob sich zum Gruß, und aller Augen waren voll Güte auf ihn gerichtet; ja, selbst der Aufseher, der ihn doch sonst immer sofort hinter das Tor in das nasse Gras trieb, führte ihn unter fortwährenden Bücklingen auf seinen Platz: Tribüne (!) Erste Reihe (!!) Mitte (!!!).

«Wie still nur all die Leute sind!» meinte der kleine Bub.

«Sehr recht, mein Herr», lispelte der Aufseher untertänig, «dies sind ja nun auch all die seligen Fußballwettspielzuschauer.»

Unten am Rasen losten die Parteien nun um die Sonne-im-Rücken-Seite und – «das sind die Besten der seligen Fußballspieler», hörte Hans seinen Nachbar sagen; und als er ihn ansah, nickte ihm dieser freundlich zu: da erkannte er in ihm jenen guten alten Herrn, der ihn einst (als Borneo II gegen Alaska verlor) vor dem dicken Karl verteidigte; noch hielt er den Rohrstock in der Hand, mit dem er dem Raufbold damals drohte. Wie der dann lief!

Unermeßliche Seligkeit erfüllte des armen kleinen Buben Herz. Das Spiel hatte begonnen, um nimmermehr beendet zu werden, und die Zweiundzwanzig spielten, wie er noch nie spielen sah. Manchmal kam es zwar vor, daß der eine oder andere dem Balle einfach nachflog (es waren ja auch lauter Engel), doch da pfiff der Schiedsrichter (ein Erzengel) sogleich ab: wegen unfairer Kampfesweise.

Das Wetter war herrlich. Etwas Sonne und kein Wind. Ein richtiges Fußballwetter.

Seit dieser Zeit hat niemand mehr den armen kleinen Buben auf einem irdischen Fußballplatze gesehen.

Rund der Ball...

Rund der Ball, viereckig das Land,
gleich dem Bild von Erde und Himmel.
Der Ball fliegt über uns wie der Mond,
während sich zwei Mannschaften gegenüberstehen.
Spielführer sind ernannt und halten Platz
nach unveränderten Regeln.
Keinen Vorteil gibt es für Verwandte,
kein Platz ist für Parteilichkeit.
Dafür herrscht Entschluß und kaltes Blut
ohne jede Irrung und Unterlassung.
Und wenn alles für den Fußball nötig ist,
um wieviel mehr für den Kampf des Lebens.

Diese Verse von einem Chinesen namens Li-yu (50–136) zitiert Diem, der Organisator der Olympischen Spiele von 1936, in seiner *Weltgeschichte des Sports*. Bereits im Jahr 10 soll Fußball zum Programm des Frühlingsfestes in China gehört haben. Fußball sei auch in Klöstern gepflegt worden, nach Japan gelangt und mit mehr als zehn Spielern pro Mannschaft gespielt worden. Der letzte Mann, eine Art Urtorwart, sollte das Ärgste verhindern. Im Reich der Mitte erschien bereits ein Fachbuch mit 25 Kapiteln.

Damals seien auch schon die ersten Stars aus den Mannschaften hervorgetreten: ein Mönch namens Kung-kuei, ein Neffe des Philosophen Konfutse, habe es vermocht, den Ball um seinen Körper herumzulenken, und ein gewisser Chang-fen konnte den Ball fünfzehn bis zwanzig Meter in die Höhe kicken – bis in die halbe Höhe einer Pagode.

PETER HANDKE

Die Angst des Tormanns beim Elfmeter

Nach dem Mittagessen ging Bloch auf den Sportplatz. Schon von weitem hörte er das Geschrei der Zuschauer. Als er ankam, spielten noch im Vorspiel die Reservemannschaften. Er setzte sich auf die Bank an der Längsseite des Spielfelds und las die Zeitung durch bis zur Wochenendbeilage. Er hörte ein Geräusch, wie wenn ein Stück Fleisch auf den Steinboden fiel; er schaute auf und sah, daß der nasse schwere Ball einem Spieler vom Kopf geprallt war.

Er stand auf und ging weg. Als er zurückkam, hatte das Hauptspiel schon angefangen. Die Bänke waren besetzt, und er ging das Spielfeld entlang hinter das Tor. Er wollte nicht zu dicht dahinter stehenbleiben und stieg die Böschung zur Straße hinauf. Er ging die Straße entlang bis zur Eckfahne. Es kam ihm vor, als reiße ein Knopf von seinem Rock und springe auf die Straße. Er hob den Knopf auf und steckte ihn ein.

Er unterhielt sich mit jemandem, der neben ihm stand. Er erkundigte sich, welche Mannschaften da spielten, und fragte nach dem Tabellenplatz. Bei diesem Gegenwind sollten sie nicht so hohe Bälle spielen, sagte er.

Er bemerkte, daß der Mann neben ihm Schnallen an den Schuhen hatte. «Ich kenne mich auch nicht aus», antwortete der Mann. «Ich bin Vertreter und halte mich nur für ein paar Tage in der Gegend auf.»

«Die Spieler schreien viel zuviel», sagte Bloch. «Ein gutes Spiel geht ganz still vor sich.»

«Es gibt ja keinen Trainer, der ihnen vom Feldrand aus zuruft, was sie zu tun haben», antwortete der Vertreter. Bloch kam es vor, als redeten sie miteinander für einen dritten.

«Auf dieser kleinen Spielfläche muß man sich beim Abspielen ganz schnell entscheiden», sagte er.

Er hörte ein Klatschen, als ob der Ball an den Torpfosten prallte. Bloch erzählte, er habe einmal gegen eine Mannschaft gespielt, in der alle Spieler bloßfüßig gewesen seien; jedesmal, wenn sie den Ball getroffen hätten, sei ihm das Klatschen durch und durch gegangen.

«Im Stadion habe ich einmal gesehen, wie ein Spieler sich das Bein gebrochen hat», sagte der Vertreter. «Man hat das Krachen bis zu den letzten Stehplätzen hinauf gehört.»

Neben sich sah Bloch andere Zuschauer miteinander reden. Er beobachtete nicht den, der gerade sprach, sondern jeweils den, der zuhörte. Er fragte den Vertreter, ob er schon einmal versucht habe, bei einem Angriff von Anfang an nicht die Stürmer zu beobachten, sondern den Tormann, auf dessen Tor die Stürmer mit dem Ball zuliefen.

«Es ist sehr schwierig, von den Stürmern und dem Ball wegzuschauen und dem Tormann zuzuschauen», sagte Bloch. «Man muß sich vom Ball losreißen, es ist etwas ganz und gar Unnatürliches.» Man sehe statt des Balls den Tormann, wie er, die Hände auf den Schenkeln, vorlaufe, zurücklaufe, sich nach links und rechts vorbeuge und die Verteidiger anschreie. «Üblicherweise bemerkt man ihn ja erst, wenn der Ball schon aufs Tor geschossen wird.»

Sie gingen miteinander die Seitenlinie entlang. Bloch hörte ein Keuchen, als ob der Linienrichter an ihnen vorbeiliefe. «Es ist ein komischer Anblick, den Tormann so ohne Ball, aber in Erwartung des Balles, hin und her rennen zu sehen», sagte er.

Er könne nicht lange hinschauen, antwortete der Vertreter, unwillkürlich schaue er doch gleich auf die Stürmer zurück. Wenn man auf den Tormann schaue, komme es einem vor, als ob man schielen müsse. Es sei, wie wenn man jemanden auf eine Tür zugehen sehe und dabei statt auf den Mann auf die Türklinke schaue. Der Kopf tue einem weh, und man könne nicht mehr richtig atmen.

«Man gewöhnt sich daran», sagte Bloch, «aber es ist lächerlich.»

Ein Elfmeter wurde gegeben. Alle Zuschauer liefen hinter das Tor.

«Der Tormann überlegt, in welche Ecke der andere schießen wird», sagte Bloch. «Wenn er den Schützen kennt, weiß er, welche Ecke er sich in der Regel aussucht. Möglicherweise rechnet aber auch der Elfmeterschütze damit, daß der Tormann sich das überlegt. Also überlegt sich der Tormann weiter, daß der Ball heute einmal in die andere Ecke kommt. Wie aber, wenn der Schütze noch immer mit dem Tormann mitdenkt und nun doch in die übliche Ecke schießen will? Und so weiter, und so weiter.»

Bloch sah, wie nach und nach alle Spieler aus dem Strafraum gingen. Der Elfmeterschütze legte sich den Ball zurecht. Dann ging auch er rückwärts aus dem Strafraum heraus.

«Wenn der Schütze anläuft, deutet unwillkürlich der Tormann, kurz bevor der Ball abgeschossen wird, schon mit dem Körper die Richtung an, in die er sich werfen wird, und der Schütze kann ruhig in die andere Richtung schießen», sagte Bloch. «Ebensogut könnte der Tormann versuchen, mit einem Strohhalm eine Tür aufzusperren.»

Der Schütze lief plötzlich an. Der Tormann, der einen grellgelben Pullover anhatte, blieb völlig unbeweglich stehen, und der Elfmeterschütze schoß ihm den Ball in die Hände.

SEPP HERBERGER

So einfach ist das…

«Die Menschen waren zu allen Zeiten gleich. Warum sollte es mit den Fußballern anders sein? Es lächert mich, wenn Veteranen, die noch die Torstangen auf die Plätze trugen, wie eitle Pfauen ihren Idealismus herausstreichen. Sie haben die Stangen hingetragen, weil es keiner für sie tat. Basta. Und Geld haben sie keines genommen, weil keines da war. So einfach ist das. Heute stehen die Stangen auf dem Platz, und es gibt Geld. Schwierig ist, wie überall, nur das Haushalten. Wenn alle Vereine von Männern geführt würden, die das verstehen und außerdem noch eine Ahnung von Fußball haben, ginge es dem Spiel besser. Trotzdem ist es so stark, daß es selbst diese Dilettanten nicht kaputtmachen können.»

ECKHARD HENSCHEID / ROR WOLF

Das ideale deutsche Mittelfeld
Ein Gespräch zur Lage der Nation

Eckhard Henscheid interviewt Ror Wolf zur Fußballweltmeisterschaft 1974.

H: Herr Wolf, Kanzler und Präsident sind gewählt. Kommen wir zu den entscheidenden Fragen der Nation. Wie ist die optimale Besetzung des deutschen Mittelfeldes?

W: Hoeneß, Hölzenbein, Overath. Wir sollten aber dennoch dem neuen Kanzler Schmidt jene 100 Tage Vorschußvertrauen schenken, die in westlichen Demokratien üblich sind.

H: Und was ist mit Netzer? Wie ist seine psychosomatische Verfassung?

W: Seine psychosomatische Verfassung ist gut.

H: Sie können ihn aber trotzdem nicht berücksichtigen?

W: Berücksichtigen kann ich ihn nicht.

H: Sie bleiben bei Hoeneß, Hölzenbein, Overath?

W: Ich bleibe dabei.

H: Warum ausgerechnet ein Mittelfeld mit Hoeneß, Hölzenbein, Overath, eine Formation, die mir doch, mit Verlaub, eher befremdend, geschweige denn besonders erfolgversprechend erscheint.

W: Ich halte eine taktische Neugruppierung für unbedingt erforderlich. Es soll ja der taktische Zweck sein, den Gegner taktisch zu irritieren. Und dies ist mit meiner Mittelfeld-Achse voll erreicht.

H: Warum denn das?

W: Sehen Sie, es geht für Herrn Schön hic et nunc darum, die R-Spieler radikal zu eliminieren.

H: Wen bitte?

W: Die R-Spieler. Die End-R-Spieler. Das wären also Maier, Beckenbauer, Breitner und Müller vom FC Bayern, was mir für die Mannschaft leid tut, weil sie ja doch einen recht ordentlichen Fußball spielt – aber auch, um auf das Mittelfeld zurückzukommen –, Netzer und Wimmer, gegen die ich als solche auch nichts habe, im Gegenteil, die Leute sind mir lieb und wert, freundliche und angenehme Leute.

H: Und doch auch gute Fußballer!

W: Durchaus. Auch das. Aber sie gehorchen nicht der rapiden Notwendigkeit eines elementaren strategischen Umdenkens.

H: Des Umdenkens im Mittelfeld?

W: Genau, und ich würde Herrn Schön dringend ersuchen, dieses Umdenken schleunigst in die Wege zu leiten. Sehen Sie, der Zweck ist eine totale Verblüffung des Gegners, er muß auf den Platz kommen und sofort die Übersicht verlieren.

H: Wie bitte?

W: ... des Gegners, der sich seit Jahren an die deutschen R-Spieler gewöhnt hat und sich jetzt strategisch total überrascht und überrumpelt sieht, wenn er das Fehlen der ihm vertrauten R-Spieler bemerkt. Ich fordere deshalb deren totale Ausmerzung. Und Herr Schön wäre gut beraten...

H: Hut ab, Herr Wolf, ist es aber nicht gerade so, daß wir mit zahlreichen R-Spielern Weltmeister geworden sind, ich erinnere Sie an die Gebrüder Walter, an Kohlmeyer, Schäfer...

W: Das waren auch andere Zeiten.

H: 1954!

W: Genau, und diese Zeiten haben sich wesentlich geändert, und damit eben auch das Spielsystem. Sehen Sie, früher, da hatten wir die zwei Verteidiger, die drei Läufer und die fünf Stürmer, klare Fronten. Und bitte schön, was ist davon heute übriggeblieben?

H: Der Tormann!

W: Eben. Und wir müssen uns doch klar darüber werden, was zählt?

H: Ja, ich weiß auch nicht.

W: Eben. Was zählt, ist der Erfolg. Wir müssen heute einfach begreifen lernen, daß der Erfolg in einer totalen Verwirrung des Gegners besteht.

H: Wenn ich Sie recht verstehe, schlagen Sie im Rahmen dieser Wolfschen Irritationstechnik Hoeneß, Hölzenbein und Overath vor.

W: Und dies nach reiflicher Überlegung. Indem der Gegner die R-Folge vermißt, wird er auch bald die Erfolge vermissen. Gleichzeitig aber wird der Gegner durch die ihm extrem befremdliche HÖ-Folge...

H: Hoeneß, Hölzenbein...

W: Zusätzlich überrascht und tief erschreckt.

H: Tatsächlich.

W: Ich habe sogar mit dem Gedanken gespielt, Hö-ttges in diesem Sinn ins Mittelfeld zu stellen, um die Panik beim Gegner noch zu steigern. Ja, ich war in meinen privatesten Überlegungen versucht, Herrn Schön sogar zu empfehlen, nachträglich noch die Stuttgarter Spieler Hö-busch und Hö-ller sowie den Hamburger Hö-nig ins Aufgebot zu berufen...

H: Ah ja...

W: ... und vielleicht noch Hermann Hö-fer von der Frankfurter Meistermannschaft 1959. Indessen wäre hier wieder zu befürchten, daß der Feind unsere Taktik allzuschnell durchschaut, wogegen Herr Schön neue strategische Varianten einplanen muß.

H: Also Zick-Zack-Overath?

W: Ja. Overath, so ist es. Ich gebe zu, ich dachte zuerst an den Kölner Flohe, dessen buchstäblich insektenartiges Auftreten eine – davon bin ich überzeugt – außerordentlich effektvolle Mittelfeldkontrastwirkung zur Nesselhaftigkeit von

Hoeneß und einer gewissen Knochenhaftigkeit von Hölzenbein bildet. Davon hab' ich mir am Anfang sehr viel versprochen. Andererseits scheint mir innerhalb der Mittelfeldproblematik und speziell der 4-3-3-Formation die Aussagekraft eines Mannes wie des Düsseldorfers Seel, in seiner platonisch-dynamischen Wesenlosigkeit, diesen Feind-Befremdungseffekt bis auf die Spitze zu treiben. Wenn ich Herrn Schön trotzdem und nachdrücklich Overath empfehle, so deshalb, weil ich als zusätzliche Zielvorstellung und Feindprojektion die alles entscheidende H-endung in Overath-H verkörpert sehe, die in paralleler Polarität...

H: ... im Sinne Goethes...

W: ... zu den H-Kräften Hölzenbein und Hoeneß das prästabilisierte Gleichgewicht im Mittelfeld wiederherstellt.

H: Von dem ja auch in der Regierungserklärung so eindringlich die Rede war.

W: Genau. In synchroner Reformbewegung scheint es mir unvermeidlich zu sein, die Spieler Haller und den Eintracht-Linksaußen Rohrbach ins 22er-Aufgebot einzubeziehen.

H: Den alten Haller?

W: Das hat mit dem Alter gar nichts zu tun. Es kommt vielmehr darauf an, daß ein H-Mann mit R-Endung und ein R-Mann mit H-Endung die Flügel bilden.

H: Ja, wohin aber dann mit Grabowski?

W: Grabowski wird für Spezialaufgaben im Hintergrund verwendet.

H: Sie denken an die den Gegner täuschende Friedhofsstille seines Namens?

W: Wieso Friedhofsstille?

H: Na ja, Grab und so.

W: Ah, ja, richtig, das war in meine bisherige Planung noch gar nicht einbezogen: Grab-owski, der gewissermaßen aus der Stille des Grabes...

H: ... hochkrabbelt. Auf lautlosem: Ski. O.k. Zurück zum Mittelfeld: Hoeneß Hölzenbein Overath. Eine linguistisch-taktisch überzeugende Lösung. Wie aber steht's mit der politisch-neosensitivistischen Kommunikation und Interaktion der drei?

W: Gut.

H: Und gruppendynamisch?

W: Alles in Ordnung.

H: Aerodynamisch? Psychokinetisch?

W: Gut, daß Sie auf diese Frage kommen. Ich glaube, daß die allzu lange institutionalisierte Seinsverfinsterung zwischen Hoeneß und Overath, auf die ja auch Helmut Schmidt in seiner Regierungserklärung kurz, aber eindringlich zu sprechen kam, sich in einem regressiven Stadium befindet, und daß auch Hölzenbeins Allergie im Verhältnis zu Overaths Idiosynkrasie, langen Pässen gegenüber...

H: Irgendwie die Oberhand behalten wird.

W: Gut. Bene.

H: Und Hoeneß' sich abzeichnende Ehekrise mit Beckenbauer?

W: Ist mit der Eliminierung der R-Spieler behoben. Davon bin ich zutiefst überzeugt.

H: Mit anderen Worten: Im Mittelfeld eine vaterlose Gesellschaft?

W: Um mit Alexander Suhrkamp zu sprechen: So ist es.

H: Und die galaktische Spektralachse nach linksaußen führt von Höttg-es

W: Über Hoen-es.

H: Zu Heynck-es. Während Grabowski im Grabe lauert...

W: Und, davon bin ich zutiefst überzeugt, im entscheidenden Augenblick dasein wird.

H: Und zwar voll da. Aber Herr Wolf, ist es nicht trotz aller postpubertärexplosiven Sprengkraft von Hoeneß, aller liberaldemokratischen Dribblings von Hölzenbein und des rheinisch-kategorischen Imperativs von Overath so, daß der Ball trotzdem rund ist?

W: Im Grunde ist der Ball gar nicht rund, das sieht nur so aus.

H: Was? Wie ist dann der Ball Ihrer Meinung nach?

W: Nicht nur meiner, sondern der Meinung vieler, vieler Experten nach.

H: Ja, aber wie ist er denn nun?

W: Was?

W: Na ja, der Ball...

W: Was «der Ball?»

H: Der Ball, von dem Sie gesprochen haben.

W: Na ja, der Ball ist rund, das ist doch kein Geheimnis.

H: Sie haben aber doch gerade behauptet, der Ball sei gar nicht rund.

W: Ach was. Ich behaupte das Gegenteil.

H: Ach, im Grunde genommen wollen Sie doch nur Ihren Eintracht-Rohrbach da ins 22er-Aufgebot noch hineinpressen.

W: In der Tat, das wünsche ich mir von der neuen Regierung.

LUCIANO DE CRESCENZO

Der Doppelgänger

«Wer hat eigentlich die ersten Olympischen Spiele organisiert, Professore?» erkundigt sich Salvatore.

«Über ihre Ursprünge weiß man nichts Genaues», erklärt ihm Bellavista.

Der Professor und seine Schüler sind eben von ihrem Nachmittagsspaziergang zurückgekehrt. [...]

«An den Wettkämpfen nahmen aber nur Männer teil, nicht wahr?» fragt Saverio.

«Den Frauen war selbst das Zuschauen verboten, unter Androhung der Todesstrafe! Einmal verkleidete sich eine, Kallipatira, als Trainer, weil sie ihrem Sohn, der an den Wettkämpfen teilnahm, zusehen wollte; als der dann gewann, umarmte sie ihn so herzlich, daß allen klar wurde, daß sie eine Frau war. Daraufhin legte man fest, daß alle, die die Wettkampfstätte betreten wollten, völlig nackt zu sein hatten.»

«Und haben die Athleten dabei gut verdient?»

«Und ob! Als Olympiasieger hatte man für sein ganzes Leben ausgesorgt. Und für das seiner Nachkommen. Die erfolgreichen Sportler verdienten so viel, daß viele Philosophen, darunter Xenophanes und Platon, sich darüber empörten, daß in Griechenland die Muskeln mehr wert seien als das Gehirn.»

«Genau wie heute, Professore», bemerkt Salvatore. «Es ist schon immer so gewesen: Ein Fußballspieler kann allemal mehr Geld machen als ein Universitätsprofessor. Nehmen wir doch nur Maradona: Bei uns hier in Neapel fehlt's an allen Ecken und Enden, und trotzdem haben wir den teuersten Spieler der Welt eingekauft.»

«Also Professore, offen gesagt glaube ich nicht so recht daran, daß die Neapolitaner alle arme Teufel sind», erklärt Saverio. [...]

In diesem Augenblick ertönt auf der Straße ohrenbetäubender Lärm. Heftiger Beifall, laute Hochrufe und rhythmisches Hupen dringen herein. Salvatore steht auf, um nachzuschauen, was los ist. Nach wenigen Sekunden kommt er mit verzückter Miene zurück.

«Professore, da draußen ist Maradona! Jawohl, Maradona, wie er leibt und lebt! Er kann nicht weiter, weil ihn eine Horde von begeisterten Fans bedrängt. Diese *Tifosi* wollen alle ein Autogramm, mehr als hundert ...»

Salvatore hat den Satz noch nicht zu Ende gesprochen, da stürmt eine Gruppe von Personen zu ihnen herein, an der Spitze Maradona mit seinem Manager und einem Fotografen.

«Ruhig, *muchachos*, ruhig: nichts *autógrafos*», ruft der argentinische Begleiter, der Maradona mit dem eigenen Körper abschirmt. Und fügt dann, an Bellavista und die anderen gewandt, hinzu: *«Señores,* verzeihen Sie *la invasión.»*

Salvatore versucht, ihm spanisch zu antworten, und erwidert höflich. *«Priego.»*

«Por favor», fährt der Argentinier an ihn gewandt fort, «sagen Sie *a los tifosos*, daß kann nicht Dieguito geben *autografós*. Sie können machen einige Fotos, wenn sie kommen *uno a la vez.»*

Maradona wirkt verschreckt. Doch sein Manager hat die Situation im Griff. Er läßt nur die herein, die sich mit dem Fußballstar fotografieren lassen wollen. Draußen am Eingangstor wird dafür gesorgt, daß die Leute Schlange stehen. Salvatore bekommt zehntausend Lire dafür, daß er für Ordnung sorgt. Der Fotograf verlangt von allen, die hereinkommen, Bezahlung im voraus: fünftausend Lire pro Foto mit der Garantie, daß alle Abzüge Maradonas Autogramm tragen werden.

«Du bist toll, Dieguito!» ruft ein Tifoso und versucht, den Star zu umarmen. «Mit dir werden wir bestimmt Meister!»

«Schnell, *señor*», fordert ihn Maradona auf und versucht ihm auszuweichen. «Schnell, weil ich muß *volver* nach Haus.»

Damit es schneller geht, läßt man jetzt immer zwei Tifosi zusammen herein. Es bleibt gerade so viel Zeit, daß jeder Maradona die Hand schütteln kann, dann leuchtet der Blitz des Fotografen auf, und schon sind die nächsten zwei dran. Schließlich taucht noch ein Argentinier auf und ruft:

«Vamos, Maradona, vamos!»

Eh man sich's versieht, sind sie, genauso schnell, wie sie gekommen sind, alle verschwunden, und kurz darauf treten der Kommissar Di Domenico und der Carabinierigefreite Colapietro in die Pförtnerloge.

«Guten Tag, Professore», grüßt der Kommissar, «wie lange ist der falsche Maradona schon weg?»

«Noch nicht mal fünf Minuten», antwortet Bellavista gelassen. «Ich hab gleich gemerkt, daß der nicht echt war, aber ich war neugierig, wie die Sache ausgehen würde.»

«Möchten Sie einen Kaffee, Commissario?» mischt sich Salvatores Frau Rachelina mit ihrem neapolitanischen Kaffeemaschinchen in der Hand ein.

«Eigentlich müßten wir ja gehen», erwidert der Kommissar, der sich nicht recht entschließen kann, zu einem kleinen Schwätzchen mit dem Professor dazubleiben.

«Wohin sollen wir denn gehen?» gibt ihm Colapietro zu bedenken. «Die Sorrentinos sind weg, und heute abend erwischen wir sie bestimmt nicht mehr. Versuchen wir lieber rauszukriegen, wer der Fotograf ist. Salvatore könnte ihn uns beschreiben.»

«Was sind denn das für Kerle?» fragt Bellavista.

«Nichts weiter: nur kleine Gauner», erklärt Di Domenico verächtlich. «Es handelt sich um die Brüder Sorrentino, die schon öfter wegen kleiner Betrügereien gesessen haben. Vor einem Monat, während der Weihnachtsfeiertage, hatten sie endlich einen ehrlichen Broterwerb gefunden: Vincenzino, der jüngere der beiden, sieht Maradona ähnlich, und so hat er sich in den städtischen Grünanlagen fotografieren lassen. Wie Sie sicher wissen, lassen sich ja an den Feiertagen die Kinder gern zusammen mit dem Weihnachtsmann fotografieren, nur hat es dieses Jahr in Neapel wegen der hohen Arbeitslosigkeit mehr Weihnachtsmänner als Kinder gegeben, und deshalb war die Idee mit den Maradonafotos Gold wert. Aber irgendwann ist Weihnachten halt vorbei. Damit konnten sich die Brüder Sorrentino nicht abfinden und haben die Sache mit den Fotos weiterbetrieben, nur daß sie Vincenzino jetzt als den echten Maradona ausgegeben haben. Wenn es nach mir ginge, ließe ich sie in Ruhe: Aber leider ist Anzeige erstattet worden, und so muß ich etwas tun.»

«Aber wer hat sie denn angezeigt?» will Bellavista wissen.

«Das ist eine verwickelte Angelegenheit», erklärt der Kommissar, der mittlerweile entschlossen ist, noch wenigstens ein halbes Stündchen zu bleiben. «Lieber Professore, Sie müssen wissen, daß zusammen mit dem Fußballstar, der ein tüchtiger Kerl ist, hier ein sehr bedeutendes Wirtschaftsunternehmen aufgetaucht ist, die ‹Maradona Production›, die als einzige berechtigt ist, das Image des argentinischen Fußballers zu verwerten. Diese Firma betreibt ein Geschäft mit einem amerikanischen Namen, den ich nicht richtig aussprechen kann, weil ich nicht Englisch kann, aber er klingt wie *merschandais* oder so, und das bedeutet, daß von jedem verkauften Gegenstand mit dem Bild von Maradona drauf die ‹Maradona Production› einen Teil des Verkaufspreises bekommt.»

«Mannomann», ruft Saverio aus, «was die sich alles einfallen lassen!»

«Nur hat das nicht so recht geklappt», fährt Di Domenico fort. «Die von der ‹Maradona Production› haben eine ganz schöne Wut im Bauch: Als sie, mit einem Monat Verspätung, hier in Neapel angekommen sind, mußten sie feststellen, daß die Neapolitaner alles, was man mit dem Gesicht von Maradona machen kann, bereits gemacht hatten. Auf Schritt und Tritt begegnete man in Neapel dem Bild von Maradona: Aufgabenhefte für Schulkinder mit seinem Foto, Maradonaköpfe mit roten Augen hinten in den Autos, die zusammen mit den Bremslichtern aufleuchten, Maradona-Unterhosen, Maradona-T-shirts, Maradona-Handtücher und auf den Tomatengläsern blaue Verschlüsse mit dem Kopf von Maradona drauf; im Borgo Sant' Antonio Abate hatte jemand sogar einen Verkaufsstand mit Maradona-Perücken aufgestellt, und wenn man dort ein paar Jungs auf der Straße Fußball spielen sah, meinte man, lauter Maradonas vor sich zu sehen.»

«Ja, wenn's was zu verdienen gibt, dann sind wir Neapolitaner verdammt fix!» ruft Salvatore stolz aus.

KURT FELTZ

Der Theodor im Fußballtor
Schlager

Ob du darüber stehst,
ob du darunter stehst,
du hast den Fußball,
und du hast deinen Sportverein.
Damit der oben steht,
und nie mehr unten steht,
gehst du zum Fußball
und wirst mit all den andern schrein.

Du bist kein Übermensch,
du bist kein Untermensch,
du bist ein Sportsmann,
und du hast deinen Sportverein.
Ob der nun vorne liegt,
ob der nun hinten liegt,
du wirst als Sportsmann
bei jedem Spiel zugegen sein.

Refrain:

Der Theodor, der Theodor,
der steht bei uns im Fußballtor,

wie der Ball auch kommt,
wie der Schuß auch fällt,
der Theodor, der hält!
Die Männeraugen werden wach,
die Mädchenherzen werden schwach,
wie der Ball auch kommt,
wie der Schuß auch fällt,
der Theodor, der hält!
Und rollt der Angriff in unsern Strafraum,
dann kommt die Flanke und Schuß hinein!
Aber nein, aber nein, aber nein:
der Theodor, der Theodor
steht unbesiegt im Fußballtor,
wie der Ball auch kommt,
wie der Schuß auch fällt,
der Theodor, der hält, der hält,
unser Theodor, der hält, der hält!

WALTER JENS

Vorbei, die Eimsbütteler Tage

Als ich zur Schule ging, war alles ganz einfach: Das Identifikations-Objekt hieß TV Eimsbüttel; die Heroen, zu denen ich aufsah, waren Gemüsehändler (Nationalspieler Hans Rohde, ein- und ausgehend im elterlichen Geschäft), Eisverkäufer (Herbert Panse, Nationalspieler auch er, beim Füllen der Tüten: *Sonntag geht der HSV baden*), Lehrer (wie Otto Lüdeke, der die Ehre hatte, in einer sogenannten Akademiker-Mannschaft spielen zu dürfen – einmal sogar gegen den eigenen Verein: *Das ist doch Otto*, sagte Schindowski zu Kleikamp, als der, irritiert durch den fremden Dreß, seinen Freund und Nebenspieler in die Zange nahm), Angestellte (Rohwedder, ebenso schußgewaltig wie launisch, mit der Aktentasche unter dem Arm), Mechaniker, Maurer und Dreher.

Die meisten waren Eimsbütteler Kinder; man kannte sie aus der Jugendmannschaft, hatte ihnen zugeschaut, Sonntagmorgen in der Hoheluftchaussee oder auf einem Grandplatz, mal Martinistraße, mal Weidenallee; ein Vereinswechsel war selten; wenn Derle Ahlers aus Harburg oder Erni Timm (der Eisenharte, früher bei Union) aus Altona kamen, waren das nur die Ausnahmen, die die Regel bestätigten.

Wir schauten beim Training zu, fuhren mit der Mannschaft bis nach Wilhelmsburg: Ereignisse wie der legendäre 3 : 2 Erfolg über Schalke, errungen im Volksparkstadion, blieben Gesprächsstoff über Jahre hinweg: Es stand schon 2 : 0 für Schalke, dann schoß Rohwedder zwei Tore, eins aus vollem Lauf und eins bei einem Freistoß (Lüdeke, das war damals noch neu, hatte sich in die feindliche Mauer gedrängt), Panse, ein Müller ohne Geld, war wie immer zur Stelle, als ein Schalker – ich glaube: Nattkämper – nicht konsequent genug deckte. Die Stars, mit einem Satz, waren Menschen, die man in der Straßenbahn ansprechen konnte; die Fünferreihe des Sturms bestand aus Eimsbütteler Werktätigen (Anrainer dazu gerechnet): Derle Ahlers, Otto Rohwedder, Herbert Panse, Kalli Mohr und Hanno Maack... wenn ich den letzten Goethe-Vers vergessen habe, werde ich den Eimsbütteler Sturm noch aufzählen können.

Jeder ein Individualist: ein Grätscher (Ebbe Stührk, seiner Zeit weit voraus), ein Fangkünstler (Böhlke im Tor), ein Spaßvogel (Kalli Mohr); bisweilen wurden die Rollen gewechselt; von Mechanisierung und Zweckrationalität, Diktat der Arbeit und bürokratischer Organisation war beim ETV nicht die Rede. Gab es das alles nicht? Gehörten meine Eimsbütteler – anders als die Heutigen: diese zu Disziplin und Fleiß verpflichteten, straffen Handlungsvorschriften unterworfenen Angestellten mächtiger Vereine («Mrosko, Ihre Haltung gefällt mir nicht. Sitzen Sie gefälligst gerade!»)... gehörten sie noch zu der legendären Garde kickender Old Boys? Ich glaube ja: Mag die Erinnerung manches verklären – die Identität von Arbeit und Fußball (beide gleich abstrakt und leistungsbestimmt), die das Geschäft «Fußball» heute charakterisiert, ist ein Phänomen der Gegenwart. Meine Manjas und Kowalkowski, Risse (junior, der Senior trainierte die Mannschaft) und Weber (der Eckenspezialist) handelten nicht arbeitskonform (keine Rede von Reglementierung und profitbezogener Effizienz), sondern spontan. (Die berühmte Auseinandersetzung zwischen Rohwedder und dem St. Pauli-Torwächter Quest: Ein Tritt in den Hintern, anschließend wurde gefeiert). Sie waren unabhängig (ein Turnverein: keine Herrschaft der Besitzenden über die Abhängigen), und der Unvernunft der Muskeln mehr anheimgegeben als der Unvernunft des Kapitals: Ein Hamburger Meister (*Eimsbüttel jedoch siegt weiter, war der letzte Sieg auch hart, dann nur weil der alte Streiter, Panse, trat auf seinen Bart:* so die Lokalpresse damals), der, sobald es um die «Deutsche» ging, kläglich versagte, weil die Maurer und Eisverkäufer zu wenig erfolgsprogrammiert waren.

Eine Idylle? Ein kulturkritischer Rückblick... geprägt von der Sehnsucht nach einer Epoche, in der es, statt reibungsloser Abläufe, noch Spontaneität gab und Insubordination gegenüber dem Verein und dem Trainer? Nun, es gab ja immerhin auch schon den HSV... und da nun kündigte sich, zumindest aus der Eimsbütteler Kleine-Leute-Perspektive, etwas an, das der Schüler Jens zwar noch nicht unter dem Begriff «Wer Gewinn will, hat zu gewinnen» subsumieren konnte, das er aber – ein bißchen allgemein, gewiß auf den Nenner brachte: «Der HSV kauft alles auf.» Wer Geld hat, hat auch die entsprechenden Kicker, und wer am reichsten ist, kann sich bessere halten als ein anderer, der weniger reich ist: Das wollten wir Eimsbütteler sagen, wenn wir von der Rothenbaumchaussee sprachen – zornig über Rohwedders Treulosigkeit, der den Verein gewechselt hatte (*Vor Wandervögeln wird gewarnt* stand in der Zeitung: so idealistisch gab sich damals Ideologie), nachdenklich beim Anhören eines *on dit*, das besagte, der Ewerführer Old Erwin (Seeler, der Vater) sei nach dem Übertritt zum HSV gesellschaftlich avanciert... der gleiche Seeler, dem niemand den Wechsel vom Arbeitersportverein Lorbeer zum SC Victoria nachgetragen hatte. Aber jetzt zum HSV: Das, glaubten wir, sei Klassen-Verrat – Old Erwin spielt fürs Kapital!

Tempi passati. Zeiten, deren Sportbetrieb, an der Produktionsweise und deren Reglement gemessen, durchaus altertümlich war ... auch der Spitzensport! Wie antiquiert nimmt sich selbst die Fußball-Programmatik der fünziger Jahre aus: *Kameradschaft!* (Heute sagt der Vorstand: «Uns ist es wurscht, wenn Ihr Euch nicht riechen könnt, Leute. Schließlich seid Ihr ja Konkurrenten. Am Samstag aber ... keinen Ärger, verstanden?») *Individualität!* (Anno 74 wäre eine Figur wie Boss Rahn in der Bundesliga untragbar; selbst Seeler, der Jüngere, erscheint, gegenüber den Angestellten des FC Bayern, als gestandenes Mannsbild).

Wie viele Relikte aus vorkapitalistischer Zeit hat gerade der Fußball-Sport bis in die fünfziger, ja, sechziger Jahre bewahrt, welche Widersprüche zur herrschenden Ökonomie entwickelt (nicht nur Anachronismen, nicht nur Verschleierungen – auch Widersprüche *gegen* das regierende System, ein Hauch von Antizipation, ein Hinweis auf nicht eingelöste Versprechen: *Boß Rahn macht wieder einmal, was er will. Leider darf er es nur auf dem Spielplatz. Boß müßte man sein – aber nicht allein im Spiel!*) ... wieviel Ungleichzeitigkeit im Verhältnis zwischen Wirtschaft und Sport! (Sogar ein Max Merkel – «ich bin ein Diktator» – wirkt, aus der Perspektive Latteks, heute schon wie ein Regent aus der Zeit des Manchester-Kapitalismus, mit seiner barocken Gebärde, der zornigen Rede und dem koketten Zynismus – Urgestein geradezu, verglichen mit jenen beflissenen Männchen, die das Sprach-Reglement des Vorstandes mit einer Inbrunst befolgen, als sei es kanonisch: «Kein Wort von Politik bitte! Wer sagt, was wir denken – *Brandt ist der Untergang Deutschlands* – schadet der Kasse.»)

Der Zweck heiligt die Mittel, heißt die Devise, wir wollen verkaufen – und zwar für dumm: Eintrittspreise um die Hälfte erhöht; gekauft und verkauft; Gersdorff rein und Gersdorff raus! Müller gefallen, Beckenbauer behauptet, Netzer schwächer notiert. Man leiht mit Zins, und zwar nicht nur Geld, sondern, dem Kurswert entsprechend, auch Spieler, man läßt Körperteile versichern (die teuerste Wade der Welt, dieser Spann hat drei Villen gekostet), man kalkuliert mit Klima, Atmosphäre und Stimmung, als ob sie berechenbar seien wie Wertpapiere und Häuser. Wie bezeichnend, daß selbst die «Notlüge» des Bayern-Präsidenten dem Diktat des Quantifizierens folgte (München 530, Dresden 106 Meter über dem Meer): Lieber die pure Absurdität als ein Verzicht auf Zahlen-Vergleiche; besser ein skurriles Äquivalent als überhaupt keins! Und unter solchen Zeichen hebt sich dann die Ungleichzeitigkeit auf, wird deckungsgleich, was lange getrennt war, sind die Tage der Eisverkäufer für immer vorbei, heißen die Spieler Maier und der Trainer Herr Maier (Abstand muß sein im Betrieb), hat der Trainer die Schnauze zu halten, wenn sein Duisburger SV, wiewohl in Abstiegsgefahr, in Afrika antreten muß, weil es der Vorstand so will, werden die Zuschauer weiterhin lachen, wenn Bayern verliert, lachen die kleinen Knechte über die Privilegierten: als ob sie ahnten, daß auch die Balltreter unten in der Arena ihr sogenanntes Spiel zu 90% mechanisch verrichten... mechanisch bis zum Ritual des Jubelschreis nach dem Tor. (Abgemessen wie ein Hofzeremoniell: Beim Ausgleichstor ein

Faustschlag durch die Luft, auch wenn's ein Abstauber war, beim Bilderbuchtor, das in der 89. Minute aus einem 0:3 ein 1:3 macht, allenfalls ein müder Händedruck.) Vorbei, die Eimsbütteler Tage, die Zeit der Breslauer Wunderelf, die Ära der lieben Frühkapitalisten (der rührende Fritz Walter, Frau Italia, die Wäscherei), die Phase der Einzelhändler, Patriarchen und Käuze! Der Spätkapitalismus ist, da er nur Sachen kennt, sachlich. Längst sprechen auch die Reporter am Bildschirm wie Bilanzbuchhalter, die schönen Tage der Maibohm und Michel kommen nicht wieder: *Zehn gibt zu Elf, X wechselt aus, Z. auf der Trainerbank.*

Freilich, es gibt Ausnahmen, die die Regel bestätigen. Und darum (nur darum?) schauen wir ja immer noch so lustvoll zu, jeden Samstag, freuen uns, wenn Bayern verliert, das große schwarze Monopol, auf das wir unsere Aggressionen abladen können, freuen uns, wenn Schnellinger in der dreiundneunzigsten Minute den Ausgleich erzielt, freuen uns, wenn Wendelsheim in die A-Klasse aufsteigt, freuen uns, wenn wir an Seppl Fath denken und Ricardo Zamora (und auch an den «Papierenen», den großen Sindelar, anno 30 das Vorbild des Kleinstkickers Jens), freuen uns, wenn man den Dirigenten Overath mit dem Dirigenten Karajan vergleicht (und finden es – ehrlich! – richtig, daß Wolfgang nicht schlechter als Herbert verdient), freuen uns, wenn irgendwo ein

David einen Goliath besiegt, der Kleine aus Polen den Großen aus England, freuen uns, wenn der eine oder andere unter den Zweiundzwanzig alle Verhaltensvorschriften, alles Trainings-Reglement, allen Leistungszwang und alle Wertnormen der Arbeitswelt plötzlich vergißt und – ohne an seinen Marktwert zu denken – Fußball spielt, weil es ihm Spaß macht: witzig, frei und improvisierend. Und freuen uns sogar auf die Weltmeisterschaft, obwohl wir doch ganz genau wissen...

ROR WOLF

Rammer und Brecher

Das ist der Anfang. Das ist der Beginn.
Die Wolken fliegen dort in der Natur.
Jetzt geht es los. Wir sehen auf die Uhr.
Jetzt setzen wir uns erst mal richtig hin.

Wir sitzen auf Papier. In diesem Sinn.
Wir warten ab. Vom Rammer keine Spur.
Der Brecher ganz allein auf weiter Flur.
Da sitzen wir. Es ist noch alles drin.

Es ist zwar schlimm, doch war es auch schon
schlimmer.
Wir sehen schwarz im Schein des Abendlichts.
Die Nummer Neun hat keinen blassen Schimmer.

So sieht es aus am Anfang des Berichts.
Wir freun uns nicht so sehr, doch wie auch immer:
Das ist ja erst der Anfang und sonst nichts.

Vom Regen fortgeschwemmt. Vom Wind gefressen.
Vom dünnen Schnee bedeckt. Vom Schmerz verzehrt.
Vom Dunst verschluckt. Vom Boden weggekehrt.
Vom Schlamm erschöpft und von den langen Pässen.

Wir wollen dieses Spiel jetzt rasch vergessen.
Da weht aus dem Gewühl ganz unbeschwert
Weich wie Papier vorbei und unversehrt
Der Rammer sanft. Der Brecher unterdessen:

Er sinkt dahin. Er macht noch einen Schritt.
Er sinkt er schwebt er hebt noch einen Fuß.
Der Kopf: er bricht fast ab von diesem Tritt.

Vorbei Daneben Aus und Ende. Schluß.
Die Ecke jetzt, die nehmen wir noch mit.
Dann gehen wir und steigen in den Bus.

DIETER HILDEBRANDT

Das entscheidende Spiel

Junge, das war ein Tag! Waff. Seit fünf Jahren mein bestes Spiel. Danke. Echt danke. 'n kleenen Umarmer dürfen Se schon riskiern. Aber nich küssen.

Bißchen stolz auf mich? Und der Oberschenkel hat gehalten. Hat einfach gehalten. Und Luft für drei Spiele. Das hätte noch weitergehn können. Auf der Trainerbank war was los, Sie! Hohoo auf de Schultern. Hat er lange nich mehr gehabt. Und Tränchen.

Na was! Nich die Spur von Verletzung. Hab ich den guten alten Piko schwindlig gespielt oder nich? Hat mir richtig leid getan. Kam gar nich zum Spucken. Hat soviel geschwitzt, daß er fürs Maul nischt mehr übrig hatte. Und drei-, viermal war ich so weg, daß er nur noch rufen konnte. «Nich so schnell, Bubi!» hat er gebettelt! «Nich so schnell, Bubi!» – is denn sowas drin? Mitte zweeter Halbzeit war mal Flaute. Paar Fehlpässe, paar Chancen verstolpert, den Eckball nich richtig reingekriegt, und schon war der Oberschenkel da, und ich kucke sofort zur Trainerbank, ob sich jemand warm läuft. Hat sich nischt gerührt. Hohoo hat gepennt oder wie, früher kam da gleich die Tafel hoch: Auswechseln. Aber ne Minute später kam ja das Tor.

Charly wußte gar nich, wo er mit dem Ball hin sollte, steht da, zögert, täuscht an, und ich hab so im Gefühl, der sucht mich, und trete an ... ham Se das gesehn? Piko hat gedacht, was will er denn, der spinnt. Läßt mich loofen. Und Charly kriegt wirklich 'n 40-Meter-Paß hin, was schon lange nich mehr passiert is, ich bin nich im Abseits, weil ich früh gestartet bin, nehm den Ball aus der Luft mit, seh den Torwart auf mich zukommen, immer größer werden und breiter, hör Piko hinter mir keuchen, denke, sofort kommt die Notbremse, und ich brech mir bei der Geschwindigkeit das Genick, die Panik is da, und in meiner Verzweiflung hau ich einfach drauf. Ein Sonntagsschuß. Wo er hingegangen is, ham Se ja selber gesehn. Alles hätte ich in der Situation machen dürfen, bloß das nich. Rechts von mir war eener von uns mitgegangen und 'n Querpaß wäre das Normale gewesen.

Vielleicht wars das entscheidende Tor. Von da an gings plötzlich wie geschmiert. Die sind rumgeirrt wie Autofahrer bei ner Benzinkrise. Piko hab ich glatt lahmgelegt. Hat mir die ganze Mannschaft bestätigt und Hohoo ... ja, stelln Se sich vor: Hohoo haut mir nachm Spiel auf die Schulter und kräht fröhlich: «Hohoo!» Nächsten Samstag müssen wir mindestens einen Punkt auswärts holn, dann das nächste Spiel zu Hause gewinnen. Kann uns nischt mehr passiern. Wir bleiben drin in der Bundesliga. Und was mich angeht... Seit heute bin ich mir sicher, es geht noch zwei Jahre. Finden Se nich? Na eben! Nach sowas wie heute hat sich wieder rausgestellt, man kann nich nur mit Rennen gewinnen. Wir sind noch da, und um uns kommt niemand rum, der sich nich Gedanken macht.

Die Stimmung in der Mannschaft war noch nie so gut. Sogar die Ersatzspieler sind hochgesprungen beim Schlußpfiff. Nich nur deswegen, weil damit die Kohlen fürs nächste Jahr stimmen. So gut kenn ich die. Nee, weil der Erfolg wieder da is, weils unter uns stimmt, und weil ab jetz Fußballspielen wieder Spaß macht.

Heute abend wird gefeiert. Einladen kann ich Sie leider nich, aber Sie verstehn das doch, oder? Die Familie macht da ganz gerne unter sich. Paar alte Sachen werden ins reine gebracht, und mit den Verträgen fürs nächste Jahr wird hie und da ... ich rechne mir da jedenfalls was aus.

Morgen? Sagen wir, früh um elf in meiner Wohnung? Das Sektfrühstück war lange fällig.

«Wie heißt eigentlich Ihr Hund?» fragt der Fußballspieler nach dem Abpfiff den Schiedsrichter.
«Ich hab doch gar keinen Hund.»
«Das ist doch entsetzlich – blind und keinen Hund!»

Unter Freundinnen: «Meine schönsten Stunden verdanke ich dem Fußball.»
«Gehst du denn so oft auf den Fußballplatz?»
«Nein, aber mein Mann!»

Aufgebracht fragt der Fußballtrainer seinen Star-Spieler:
«Wann bekomme ich endlich wieder einmal etwas von dir zu sehen?»
«Heut abend, zehn vor acht, im Werbefernsehen.»

«Ich träume die ganze Nacht nur von Fußball, Herr Doktor.»
«Nie von schönen Frauen?»
«Nein, dazu ist die Halbzeitpause zu kurz.»

Wettert der Chef: «Mensch, Meier, schon wieder zu spät!»
«Tut mir leid, Chef, ich hab von einem supertollen Fußballspiel geträumt.»
«Na und? Das ist doch kein Grund!»
«Aber es stand doch unentschieden und mußte verlängert werden.»

Ein Fußballspiel konnte erst mit einer Viertelstunde Verspätung beginnen, weil der Schiedsrichter seine Pfeife vergessen hatte.
Da fragt ein Zuschauer: «Muß er denn unbedingt während des Spiels rauchen!»

Ein Schlachtenbummler kommt nach Köln.
Am Bahnhof fragt er einen Einheimischen: «Verzeihen Sie, wie komme ich zum FCK?»
Der Kölner nimmt die Zigarre aus dem Mund, betrachtet den Fremden von oben bis unten und sagt: «Trainieren, junger Mann. Viel trainieren.»

Der Sohn eines Fußball-Profis kommt am letzten Schultag nach Hause. «Gute Nachricht, Papi. Mein Vertrag ist um eine Saison verlängert worden…»

«Mein Arzt hat mir geraten, das Fußballspielen jetzt aufgzugeben.»
«Hat er dich gründlich untersucht?»
«Nein, er hat mich spielen gesehen.»

HANS BLICKENSDÖRFER

Der Kaiser und die Perle

Der Parallelen zwischen Pelé und Beckenbauer sind viele, wiewohl die Unterschiede groß sind zwischen dem Instinktspieler mit den unbegreiflichen Reflexen und dem fast kontemplativen Spielmacher. Gleich waren ihre beruflichen Perspektiven als Buben, bei allen Unterschieden zwischen dem brasilianischen Provinznest Bauru und dem Münchener Arbeiterviertel Giesing in seiner grauen Nachkriegs-Tristesse. Pelé, fünf Jahre früher geboren, mit dem Namen Edson Arantes do

Nascimento, wurde zwar öfter satt als der kleine Franz, weil da, wo der Kaffee wächst, auch die eßbaren Früchte nicht fehlen. Aber trotz Rassenvermischung ist auch in Brasilien ein Grundsatz unumstößlich: je dunkler die Farbe, um so härter die Arbeit. Nicht viel anderes wäre ihm geblieben, als im Hafen von Santos Kaffeesäcke auf die Frachter zu schleppen. Aber auch Beckenbauers Erwartungshorizont als Stift bei einer Versicherung war bescheiden genug.

Die Alternative? Du kannst mit 17 Profi werden oder mit 50 Abteilungsleiter, was dann schon eine Traumkarriere nach einer Ochsentour wäre.

Die Ochsentour ist Pelé und Beckenbauer erspart geblieben. Der eine stieg beim FC Santos in den schnellen Lift, der andere beim FC Bayern, und das hat er dem Glücksfall einer Ohrfeige verdankt. Denn zum Giesinger Paradeklub TSV 1860 hatte er gewollt. Aber eine Watschn, die bös brannte im damals noch höchst jähzornigen Gesicht vom Franzi, wie die Mutter sagt, trieb ihn zum FC Bayern nach Harlaching. Einen kräftigen Abwehrrecken der Sechziger hatte er als Jugendspieler des SC 1906 mit einem frechen Kick durch die Beine zum Gespött gemacht. So kam's zur Watschn. Die wiederum löste Franzens Trotzreaktion aus, er unterschrieb beim Lokalkonkurrenten, bei Bayern, seinen ersten Profivertrag. Grundgehalt 160 DM.

Wenn Pelé seine ersten Cruzeiros beim FC Santos hätte umrechnen können, wäre noch weniger herausgekommen.

Spielen wollten sie, und schnell kam zum Wunsch das Selbstwertgefühl. Es ist kein Geschäft wie jedes andere. Betrügen geht nicht. Protektion nützt nichts. Vor Tausenden stehst du auf dem Prüfstand, und wenn du als zu leicht befunden wirst, kommst du gar nicht ins große Spiel, bei dem das Fernsehen die Millionen-Kundschaft bringt.

Und dann mußt du dich konstant steigern. Der Glücksfall einer oder auch einiger frappierender Aktionen ist zu wenig. Die Leute müssen spüren, daß du es kannst, daß du nicht nur wiederholungs-, sondern sogar steigerungsfähig bist. Und daß du das hast, was die Engländer «Personality» nennen.

Die Zahl der Begabten, denen sie fehlt, ist Legion. Von Experten ist Franz Beckenbauers fünf Jahre älterer Bruder als der Begabtere angesehen worden. Heute spielt er in der AH-Mannschaft des FC Bayern und druckt das Stadionblatt.

Begabung kann sich nur entfalten, wenn Selbstwertgefühl und Durchsetzungsvermögen dazukommen.

Es gehört zu Franz Beckenbauers positivsten Eigenschaften, daß er Talent und Glück echte Dankbarkeit entgegenbringt, die sehr verwandt ist mit der von Pelé. Zwei Beispiele unter vielen mögen es beweisen: Er war zu einem Forum meiner Zeitung nach Stuttgart gekommen. Als Teamchef, um über die bevorstehenden Europameisterschaften zu diskutieren. Voll war der Saal und bemerkenswert sein Geschick, banale und emotionale Fragen, die unvermeidlich in solchen Fällen sind, ebenso sachlich abzuhandeln wie fachliche. Und niemand wollte nach Hause, weil man von solchen Diskussionen möglichst viel mitnehmen und an die Stammtische tragen will. Zuvor, am Nachmittag, hatte ein Arzt bei der Zeitung angerufen. In einem Krankenhaus lag ein schwer krebskranker zwölfjähriger Junge, dessen heißer Wunsch es war, Franz Beckenbauer zu sehen. Ich hatte es ihm mitgeteilt, aber er war auf der Autobahn in Staus geraten und mit Verspätung bei uns eingetroffen. Ein Besuch in der Klinik war nicht möglich.

Als die Diskussion vorbei war, enttäuschte er die Autogrammjäger. Einen dringenden Termin in München schützte er vor; aber als wir draußen waren, sagte er: «Los, komm, fahren wir in die Klinik zu dem Jungen, ich hab was im Auto für ihn. Der hat mehr davon als Leute, die nicht heimwollen.» Und unterwegs: «Ich habe so viel Glück im Leben gehabt, und er hat nicht einmal eines vor sich.» Es ist anzunehmen, daß Pelé das gleiche gemacht hätte. Sie vergessen ihre Wurzeln nicht, und die Geschichte von Pelé und dem Amsterdamer Jungen Kees mag mehr darüber sagen als hundert Seiten.

Sie beginnt im Amsterdamer Olympiastadion, wo noch ein paar Minuten zwischen Holland und Brasilien zu spielen sind. 0:0 steht es, und wenn es so bleibt, ist das ein Riesenerfolg für die Holländer, weil die Brasilianer Anfang der sechziger Jahre die gekrönten Könige des Weltfußballs sind.

Aber die Holländer halten sie nicht nur in Schach – zehn Sekunden vor Schluß rammt Peterson den Ball zum Siegestreffer in den brasilianischen Kasten.

Auf der Ehrentribüne umarmen sich Menschen, die sonst nur mit den Fingerspitzen zu applaudieren pflegen, und in den Kurven würden sie tanzen, wenn's Platz gäbe. Das überfüllte alte Stadion platzt beinahe aus den Nähten, und der 15jährige Bub, der sich durch die Menschentrauben wühlt, muß froh sein, daß sie ihm nur Ellenbogen in die Rippen stoßen.

«Laßt mich durch, ich muß weg!»

«Bleib still, Wanze! Hoep, Holland, hoep!»

Aber er kommt durch, findet seinen Weg, und niemand beachtet den Burschen, der Minuten später, als im Salon des Stadions die Sektkorken knallen, in großen Sätzen der Arena entflieht.

Vier Wochen später wird er einen Brief an den FC Santos nach Brasilien schreiben:

«Sehr geehrter Senhor Pelé!

Ich wollte Ihnen schon viel früher schreiben, aber ich fand einfach nicht den Mut dazu. Ich wußte nicht, wie ich Ihnen einen unverzeihlichen Fehler gestehen soll. Der Pfarrer ist schuld daran, daß ich mich jetzt endlich dazu entschlossen habe. Ich habe nämlich gebeichtet, und er sagte mir, daß ich mein Gewissen durch ein volles Geständnis an Sie erleichtern solle.

Ich habe Sie in Amsterdam bestohlen, Senhor Pelé. Ja, ich bin ein ganz windiger kleiner Dieb, für den es keinen größeren Wunsch gab, als Ihr Trikot, das mit der Nummer 10, zu besitzen. Ich wollte meine Kameraden mit dem berühmtesten Trikot der Welt überraschen. Gewalt habe ich nicht angewendet, denn die Tür zur Umkleidekabine war verschlossen.

Zu unserem ersten Training nach dem Länderspiel bin ich eine halbe Stunde vor den anderen auf den Platz gegangen. Ihr Trikot ist zerknittert gewesen, und am rechten Ellenbogen war ein großer brauner Fleck. Vielleicht rührte er von dem Sturz her, bei dem Sie sich verletzten. Oh, hätte ich Ihnen diese Verletzung abnehmen können! Aber ich habe etwas Schlechtes gedacht und es dann gemacht: Als Sie vom Platz gegangen sind, habe ich gedacht, vielleicht schmeißen Sie Ihr Trikot nur hin, und vielleicht kann ich es finden, wenn noch niemand vom Spielfeld zurück ist.

So ist es gewesen, aber heute weiß ich, daß das sehr dumm war. Ich habe Ihr Trikot aber nur zwei Minuten getragen. Als ich mich im Spiegel unserer Kabine sah, habe ich mich geschämt und das Trikot wieder in den Sack gesteckt, ehe meine Kameraden kamen. Aber ich hatte vergessen, daß man jede Rechnung bezahlen muß. Ich habe an diesem Tag so schlecht wie nie zuvor gespielt, und ich habe sogar die ganze Freude am Fußball verloren. Ich habe Ihr Trikot zu Hause in meinem Schrank versteckt und bin seither nicht mehr zum Training gegangen. Als ich es nicht länger aushalten konnte, ging ich zur Beichte. Der Priester hatte Verständnis und riet mir, Ihnen das Trikot mit einem Entschuldigungsbrief zurückzuschicken.

Das habe ich nun getan, aber noch empfinde ich keine Erleichterung, da ich Ihre genaue Adresse nicht kenne und befürchten muß, daß Sie die Sendung nie erreichen wird. Sollte das aber der Fall sein, so bitte ich Sie, mir zu verzeihen. Vielleicht verstehen Sie einen kleinen Fußballer, der eine Dummheit begeht, weil er davon träumt, ein großer zu werden.

Verzeihen Sie mir und seien Sie von Herzen gegrüßt von Ihrem Bewunderer Kees, Amsterdam.»

Die Chancen, daß Pelé diesen Brief lesen würde, waren minimal. Wenn die Fanpost sackweise aus aller Welt kommt, ist der Star überfordert. Aber an diesem Tag wunderte sich die Klubsekretärin über ein frisch gewaschenes und sorgfältig gebügeltes Hemd mit der Nummer 10. Ob es ein Hotel zurückschickte?

Sie übergab es dem verwunderten Pelé nebst einem unverständlichen holländischen Brief, und was das bedeutete, wollte er nun doch wissen.

Er ließ sich den Brief übersetzen, und Kees aus Amsterdam kam in den Besitz folgender Antwort:

«Mein lieber Kees,

ich habe mich sehr über Deinen Brief gefreut. Du bist kein Dieb, sondern Du liebst nur den Fußball, so wie ich ihn liebe. Deshalb sende ich Dir mit der gleichen Post dieses Trikot zurück, als Erinnerung an Pelé und die gesamte brasilianische Nationalmannschaft. Sicher werden wir bald wieder einmal nach Holland kommen. Dann erwarte ich Dich in unserem Hotel. Ich will Dich unbedingt kennenlernen. Sei herzlich gegrüßt von Deinem Pelé.»

Es sind die kleinen Dinge, bei denen die Berühmten zeigen, ob sie große oder kleine Champions sind.

Der Champion, der sich noch Kinderschuhe anziehen kann, hat nicht vergessen, wo er hergekommen ist.

In der Bundesrepublik Deutschland und in Berlin sahen 31 Millionen Bürger das WM-Finale am 8. Juli 1990.

Eine zweite Statistik ist noch eindrucksvoller: Mehr als zwei Drittel aller «Fernsehhaushalte» – nämlich 69 % – hatten Fußball programmiert.

Als Helmut Rahn, genannt der Boss, in Bern am 4. Juli 1954 um 18.39 Uhr mitteleuropäischer Zeit das dritte Tor zum ersten WM-Titelgewinn der DFB-Elf gegen Ungarn erzielte, waren in Deutschland 40 980 Fernsehteilnehmer angemeldet. Vor dem Turnier zählte die deutsche Bundespost 27 592 betriebsbereite Geräte. Eine Steigerung von 49,09 Prozent innerhalb von drei Wochen mit 18 Stunden Fußballübertragung. Der alte Boss Rahn meinte dazu: «Mein Torschuß war auch ein Startschuß ins moderne Medienzeitalter.»

Die (Sport-)Welt ohne Fernsehen? Wir wären immer noch auf die Rhetorik und die Überzeugungskraft der Radioreporter, auf unsere eigene Fantasie und nicht zuletzt auf die Interpretation in den Printmedien angewiesen. Die neue TV-Ära bestätigt täglich Stunde für Stunde ein altes chinesisches Sprichwort: Einmal sehen ist besser als hundertmal hören.

Fußball-Weltmeister 1930–1990

1930 in Uruguay
URUGUAY
Ballesteros; Mascheroni; Nasazzi, Andrade, Fernandez, Gestido; Dorado, Scarone, Castro, Cea, Iriarte

1934 in Italien
ITALIEN
Combi; Monzeglio, Allemandi; Ferraris IV, Monti, Bertolini; Guaita, Meazza, Schiavio, Ferrari, Orsi

1938 in Frankreich
ITALIEN
Olivieri; Foni, Rava; Serantoni, Andreolo, Locatelli; Biavati, Meazza, Piola, Ferrari, Colaussi

1950 in Brasilien
URUGUAY
Varela, Gambetta, Tejera, Gonzales, Maspoli, Andrade, Ghiggia, Perez, Miguez, Schiaffino, Moran

1954 in der Schweiz
DEUTSCHLAND
Turek; Posipal, Kohlmeyer; Eckel, Liebrich, Mai; Rahn, Morlock, Ottmar Walter, Fritz Walter, Schäfer

1958 in Schweden
BRASILIEN
Gilmar; Djalmar Santos, Nilton Santos, Zito, Bellini, Orlando; Garrincha, Didi, Vava, Pelé, Zagalo

1962 in Chile
BRASILIEN
Gilmar; Djalmar Santos, Nilton Santos; Zito, Mauro, Zozimo; Garrincha, Didi, Vava, Amarildo, Zagalo

1966 in England
ENGLAND
Banks; Cohen, Wilson; Stiles, Jackie Charlton, Moore; Ball, Hurst, Bobby Charlton, Hunt, Peters

1970 in Mexiko
BRASILIEN
Felix; Carlos Alberto, Brito, Piazza; Everaldo, Gerson, Clodoaldo, Rivelino; Jairzinho, Tostao, Pelé

1974 in Deutschland
DEUTSCHLAND
Maier; Vogts, Schwarzenbeck, Beckenbauer; Breitner, Hoeneß, Bonhof, Overath; Grabowski, Müller, Hölzenbein

1978 in Argentinien
ARGENTINIEN
Fillol; Olguin, Galván, Passarella, Tarantini; Ardiles, Gallego, Kempes; Bertoni, Luque, Ortiz

1982 in Spanien
ITALIEN
Zoff; Collovati, Bergomi, Graziani, Tardelli; Cabrini, Scirea, Gentile; Oriali, Rossi, Conti

1986 in Mexiko
ARGENTINIEN
Pumpido; Olarticoechea, Brown, Ruggeri, Batista, Cuciuffo, Burruchaga, Giusti, Enrique, Valdano, Maradona

1990 in Italien
DEUTSCHLAND
Illgner; Augenthaler, Kohler, Buchwald, Brehme, Berthold; Häßler, Matthäus, Littbarski; Klinsmann, Völler

ALAN SILLITOE

Samstagnachmittag

Bristol hatte gegen Nottingham gespielt und gewonnen. Irgendwie hatte Lennox gleich vom ersten Stoß an gewußt, daß Nottingham verlieren würde, nicht infolge eines prophetischen Wissens, was jeder Spieler der Nottingham-Mannschaft leisten würde, sondern weil er selbst, ein Zuschauer, sich nicht in bester Form fühlte. Sturer Pessimismus hatte ihn so gottergeben gemacht, daß er zu seinem neben ihm stehenden Freund, dem Mechaniker Fred Iremonger, sagte: «Ich hab's ja die ganze Zeit gewußt, die verdammte Bande wird verlieren.»

Gegen Ende des Spiels, als Bristol das Siegestor schoß, konnte man die Spieler nur gerade noch sehen, und das Leder war wie ein Stück rollenden Nebels, das auf dem Feld hin- und hergestoßen wurde. Reklameschilder über den Tribünen, die Fleischpastete, Bier, Whisky, Zigaretten und andere Herrlichkeiten für den Samstagabend anpriesen, verblaßten, je schlechter die Sicht im Laufe des Nachmittags wurde.

Sie standen auf einem sehr billigen Platz, und Lennox versuchte, den Ball im Auge zu behalten, wenn er nach jedem wohlgezielten Schuß sprunghaft hochflog, aber nachdem er zehn Minuten lang einen undeutlich erkennbaren Spieler nach dem andern beobachtet hatte, gab er es auf und drehte sich um. Er betrachtete die Massen der Zuschauer auf den ansteigenden Tribünen, die sich in einem weiten Bogen zu beiden Seiten des Feldes erstreckten und sich jenseits, undeutlich im Nebel erkennbar, schlossen. Da sich auch das als zwecklos herausstellte, rieb er sich mit der geballten Faust die kurzsichtigen Augen und kniff sie zusammen, als ob der Schmerz ihre Sehkraft verbessern könnte. Vergebens! Das ganze Resultat war ein Schwarm grauer Vierecke, die vor seinen wieder geöffneten Lidern tanzten, und als sie wieder verschwanden, konnte er nicht besser sehen als vorher. Diese Sehschwäche ließ ihn bei einem Fußballmatch gleichgültiger erscheinen als Fred und die meisten andern um ihn herum, die mit Klappern rasselten, Hüte und Schals schwenkten und bei jeder Schwankung des Spiels aus vollem Hals schrien.

Während seiner zeitweiligen Blindheit drängten sich die Nottingham-Stürmer um das Bristol-Tor, und ein guter Schuß von einem der ihrigen verursachte einen falschen Alarm, unschlüssiges Beifallrufen stieg zu einem grauen tiefhängenden Himmel auf.

«Was ist los?» fragte Lennox seinen Freund, «ein Tor? Hat wer 'n Tor geschossen?»

Fred war ein jüngerer Mann, seit kurzem verheiratet. Er trug seinen besten Samstagnachmittag-Sportrock, Gabardinehosen und einen Regenmantel; sein dunkles Haar war mit Öl glatt gestriegelt. «Nie im Leben!» lachte er, «aber sie haben sich verflucht große Mühe gegeben, kannst mir's glauben.»

Bis Lennox seine Augen wieder auf die Spieler eingestellt hatte, war das Leder an das Nottingham-Tor herangekommen, und die Bristol-Spieler waren nahe daran, ein Tor zu schießen. Er sah einen Spieler über das Feld laufen und bildete sich ein, sogar einen dumpfen Tritt von Stiefeln auf feuchtem, festgestampftem Rasen zu hören. Eine gegnerische Gruppe löste sich jetzt in eine Linie auf, sie liefen einzeln hinter dem Spieler her. Plötzlich stürzte der Mann mit dem Ball, losgelöst von allen andern, in einem winzigen Zeitraum, den weder Zuschauer noch Mitspieler merkten, vorwärts, als wäre er in eine geheiligte, unberührbare Zone vor den Torpfosten katapultiert worden. Lennox' Herzschlag setzte aus. Er sah zwischen zwei Schulterpartien, die unbewegt wie aus Holz waren, hindurch. Zornig dachte er, sie hätten sich absichtlich vor ihn hingestellt, um ihm die Sicht zu versperren. Jetzt sah man den Einzelgänger, es war der gegnerische Mittelstürmer, seinen Fuß wie eine Marionette heben, die von einem Wesen hinter den Wolken bewegt wurde, und mit seinem Stiefel einen gewaltigen Stoß führen. «Nee!» hatte Lennox Zeit zu sagen, «los, ihr trotteligen Schlafmützen! Laßt ihn doch kein Tor schießen!»

Der Torwart, der bisher wie ein eingesperrtes Tier innerhalb der vorgeschriebenen Zone der verteidigten Pfosten hin- und hergelaufen war, verwandelte sich jetzt in einen springenden Affen mit ausgestreckten Armen und Beinen, dann wurde er zu einem bloßen Strich, der sich in eine Kurve schwang – er verfehlte den zur Seite fliegenden Ball, der sich in den Maschen des Netzes hinter ihm verlor.

Die Atempause im allgemeinen Lärm erschien den Zuschauern, die das Feld in Massen umstanden, wie Stille. Jeder hatte bei sich gedacht, das Match würde, wie schlecht es auch aussah, doch unentschieden enden, jetzt aber war es klar, daß Nottingham, die eigene Mannschaft, verloren hatte: Ein Aufschrei der Enttäuschung und der Freude von dreißigtausend Zuschauern, die sich nicht vorgestellt hatten, daß der Stern der Stadt Bristol so hoch steigen würde, oder die von ihren eigenen Sternen im letzten Augenblick ein Wunder erwartet hatten, lief durch das Stadion und ergoß sich in die umliegenden Straßen, wo einzelne Gruppen, von dem plötzlichen Lärm einer ausbrechenden Menschenmenge aufgeschreckt, darüber diskutierten, welche Mannschaft das Tor geschossen hatte.

Fred lachte wild, sprang auf und ab, schrie etwas zwischen einem Hurra und einem Ausruf belustigten Ärgers, als wäre es ihm vor allem darum zu tun, etwas für sein Geld zu bekommen, nach dem Prinzip, daß ein gegnerisches Tor immer noch besser war als gar kein Tor. «Ist das zu glauben?» rief er Lennox zu, «ist es zu glauben? 95 000 Pfund verpulvert!»

Fast ohne zu wissen, was er tat, zog Lennox eine Zigarette heraus und zündete sie an. «So ein Mist», schimpfte er, «sie haben verloren, wo sie doch leicht hätten gewinnen können.»

Und im stillen dachte er, er müsse sich eine Brille anschaffen, um besser zu sehen. Er sah jetzt so schlecht, daß die Gesichtslinien seiner Augen sich kreuzten und in einiger Entfernung zusammenliefen. Im Kino mußte er in der ersten Reihe sitzen, und auf der Straße erkannte er niemals einen Freund zuerst. Das mußte ihm die Freude an jedem Fußballspiel verderben. Er erinnerte sich, daß er imstande gewesen war, das Gesicht jedes Spielers ganz genau zu sehen und jeden Zuschauer um das Spielfeld herum zu unterscheiden, aber er redete sich noch immer ein, er brauche keine Brille, denn irgendwie würden seine Augen schon wieder besser werden. Lästiger war es, daß die Leute angefangen hatten, ihn «Schieler» zu nennen. In der Garage, wo er arbeitete, sagte unlängst einer der Männer in der Teepause, als er nicht im

Raum war: «Wo ist der olle Schieler? Sein Tee wird kalt.»

«Was für'n Pech!» brüllte Fred, als ob noch niemand etwas von dem Tor wüßte. «Ist das zu glauben?» Hurra- und Buhgeschrei ebbten langsam ab.

«Der Torwart ist ein verdammter Esel», fluchte Lennox und zog die Mütze tiefer in die Stirn. «Keinen Ball kriegt er, noch nicht mal einen elenden Schnupfen könnte er kriegen!»

«Es war eben Pech», gab Fred widerwillig zu. «Aber sie haben's wohl verdient.» Jetzt, da die erste Rage sich gelegt hatte, rang die ganze Größe der Tragödie selbst zu ihm durch, für den doch eigentlich außer seiner jungen Ehe kaum etwas existierte. «Herrgott, ich hätte bei meiner kleinen Frau zu Hause bleiben sollen. Da hätt ich es warm gehabt, soviel weiß ich. Und 'n kleiner Spaß für Herz und Hand wäre vielleicht auch dringewesen...»

Sein Lachen und Augenzwinkern waren für Lennox bestimmt, der noch unter der Nachwirkung seiner persönlichen Niederlage litt. «An was anderes denkste ja überhaupt nicht mehr», meinte er übellaunig.

«Vielleicht, aber soviel kriege ich gar nicht, kann ich dir sagen.» Es war aber klar, daß es ausreichte, um ihn auch bei einem kalten und enttäuschenden Fußballspiel in guter Laune zu erhalten.

«Na», prophezeite Lennox, «das wird sich alles bald ändern. Darauf kannst du Gift nehmen.»

«Nicht, wenn ich es verhindern kann», sagte Fred mit breitem Grinsen, «und ich glaub, nach 'nem schlechten Wettspiel ist es noch schöner, als wenn ich nicht hingegangen wäre.»

«Noch nie hast du ein wahreres Wort gesagt, als daß es ein schlechtes Spiel war», sagte Lennox ärgerlich und biß sich in seinem Zorn auf die Lippen. «Verdammte Mannschaft! Die würden noch beim Wattepusten verlieren.» – Eine Frau hinter ihnen, eingewickelt in einen dicken, schwarzweißen Wollschal, den Farben der Nottingham-Spieler, die sich zur Unterstützung der eigenen Mannschaft heiser geschrien hatte, weinte fast bei dem Tor der Gegner. «Betrug! Betrug! Jagt die verdammte Bande vom Feld! Schickt sie nach Bristol zurück, wo sie her sind! Betrug, sage ich euch!»

Alle Leute stampften mit den vor Kälte abgestorbenen Füßen; länger als eine Stunde hatten sie sich gegen das taube Gefühl in den Gliedern gewehrt, in der Hoffnung, die eigene Mannschaft vor Weihnachten wenigstens einmal siegen zu sehen. Lennox hatte fast gar kein Gefühl in den Gliedern und brachte nicht den Willen auf, sie wiederzubeleben, zumal der bitterkalte Wind noch an Stärke zunahm und er über das verschenkte Tor nicht hinwegkam. Was auf dem Feld jetzt noch vorging, war nur oberflächliches Geplänkel, denn in zehn Minuten war das Spiel zu Ende. Die beiden Mannschaften drängten sich an einem Tor zusammen, verteilten sich dann um den nicht mehr sichtbaren Ball, liefen wieder über das Feld zum anderen Tor zurück, aber ohne entscheidendes Resultat. Anscheinend betrachteten beide Mannschaften den gegenwärtigen Stand als endgültig, als ob ihre Glieder und ihre Lungen zu keiner Anstrengung mehr imstande wären.

«Verloren!» sagte Lennox zu Fred. Viele Zuschauer begannen das Feld zu verlassen, sie bahnten sich einen Weg zwischen den andern, die entschlossen waren, dem Spiel bis zum bittern Ende zuzusehen. Bis zum trägen Trillern der Pfeife, die das Ende des Spiels anzeigte, hofften die unverbesserlichen Optimisten auf ein wunderbares Aufleben der erschöpften Spieler.

«Wenn du willst, können wir gehen», sagte Fred.

«Mir recht.» Er warf die Kippe zu Boden, und enttäuscht und verärgert ging er die Stufen hinauf. Oben angelangt, warf er einen letzten Blick über das Feld, sah zwei Spieler laufen, die übrigen standen im dichter werdenden Nebel müßig herum, und Lennox ging weiter zum Ausgang. Als sie schon auf der Straße waren, erhob sich hinter ihnen lautes Beifallrufen, als die Pfeife das Signal zum allgemeinen Aufbruch gab.

Auf der Straße brannten schon die Laternen, und die Schlange an der Bushaltestelle wuchs im Dämmerlicht rasch an. Lennox knöpfte seinen Mantel zu und ging schnell über die Straße. Fred blieb etwas zurück, wich einem Autobus aus, der wie ein menschenfressendes Ungeheuer an den Rand des Trottoirs heranfuhr und eine Menge Menschen ins Stadtinnere mitnahm; blaue Funken blitzten an der Oberleitung. «Na», sagte Lennox, als sie wieder nebeneinander waren, «nach der Blamage hoff ich nur, daß meine Alte was Gutes zum Abendbrot hat.»

«Ich hoffe noch auf was Besseres», sagte Fred, «ich bin keiner, der am Essen mäkelt.»

«Natürlich!» höhnte Lennox, «du lebst von Luft und Liebe. Wenn man dir gebratene Mäuse hinstellt, würdest du auch noch sagen, es schmeckt dir.» Am Bezirkskommando bogen sie in die Meadows ein, einen verkommenen Vorort mit schwärzlichen Häusern und kleinen Fabriken. «Denkste», gab Fred etwas gekränkt zurück, freute sich aber viel zu sehr auf zu Hause, um es wirklich übelzunehmen. «Aber ich bin nun mal kein Mäkelfritz beim Essen, das ist alles.»

«Das würde dir auch nicht viel helfen», begann Lennox wieder. «Aber der Fraß ist jetzt wirklich verdammt schlecht, das ist das Unglück. Entweder gefroren oder aus Büchsen; nie was Frisches. Und am Brot kann man direkt ersticken.» Übrigens auch am Nebel: der Frost drückte ihn herab, er setzte sich fest und wurde immer dichter, so daß Fred den Kragen seines Regenmantels hochschlug. Ein Mann, der sie überholte, rief ihnen spöttisch zu: «Habt ihr schon mal so'n Spiel gesehen?»

«In meinem ganzen Leben nicht!» antwortete Fred.

«Aber es ist ja immer das gleiche», sagte Lennox, der froh war, eine Erklärung zu finden. «Die besten Spieler sind nie auf dem Feld. Ich weiß wirklich nicht, wofür die bezahlt werden.»

Der Mann lachte über diese gesunde Logik. «Vielleicht stellen sie sie nächste Woche heraus. Da werden die was erleben!»

«Wir wollen's hoffen», rief Lennox, als der Mann im Nebel verschwand. «Es ist ja keine schlechte Mannschaft», sagte er zu Fred, aber das glaubte er selbst nicht. Er dachte jetzt daran, daß er gestern in der Garage zum Chef zitiert worden war, weil er den Laufjungen verhauen hatte, der ihn vor der Stenotypistin «Schieler» genannt hatte. Der Chef hatte gesagt, sollte es nochmals vorkommen, dann könnte er gehen. Und jetzt wußte er nicht, ob er nicht freiwillig gehen sollte. Es würde ihm nie an Arbeit fehlen, sagte er sich, denn er kannte seinen Wert und die Sicherheit seines Instinkts, mit dem er die Kolben aus den Zylindern holte, die Nockenwelle und die Pleuelstange auseinandernahm und unter den tausendundein möglichen Fehlern den einen fand, der behoben werden mußte, um die Maschine wieder zu pulsierendem Leben zu erwecken. Ein kleiner Junge rief von der Schwelle eines Hauses: «Wie ist denn der Stand?»

«Sie haben zwei zu eins verloren», sagte er kurz und hörte ein lautes deutliches Türenschlagen, als der Junge mit der Nachricht ins Haus lief. Er ging mit den Händen in den Taschen, die Zigarette im Mundwinkel, so daß ab und zu etwas Asche auf seinen Regenmantel fiel. Der Geruch von Fisch und gebackenen Kartoffeln kam aus einem hell erleuchteten Laden, und er merkte, daß er hungrig war.

«Ins Kino geh ich heute aber nicht», sagte Fred. «Ich weiß bei solchem Wetter 'n besseres Plätzchen.» Das Klappen der Stiefel hinter ihnen in der Straße klang hohl, undeutliche Stimmen diskutierten hitzig das verlorene Spiel. Streitende Gruppen sammelten sich an jeder Ecke, vorübergehende junge Mädchen wurden gehänselt und hatten nur die im Nebel schwächlich leuchtenden Gaslaternen zu Verbündeten. Lennox bog in den Hauseingang ein, in dem sich der kalte, feuchte Geruch der Hinterhöfe mit dem der Abfalleimer vermischte.

«Bis morgen! Vielleicht in der Wirtschaft.»

«Morgen nicht», gab Fred schon unter seiner Tür zurück. «Ich hab viel zu tun, muß mein Rad reparieren. Ich will's lackieren und neue Bremsen einbauen. Dieser Tage hat mich ein Bus beinahe zerquetscht, als sie versagten.»

Der Schlüssel klirrte im Schloß. «Na schön», sagte Lennox, «dann also auf bald», und er öffnete die Hintertür und ging ins Haus.

Er ging, ohne ein Wort zu sagen, durch das kleine Eßzimmer, nahm im Wohnzimmer den Regenmantel ab und sagte, als er wieder herauskam: «Du mußt da drin mal Feuer anmachen. Es riecht muffig. Kein Wunder, daß die Kleider in 'nem halben Jahr total veschimmeln.» Seine Frau saß am Feuer und strickte, zwei stahlblaue Wollknäuel lagen in ihrem Schoß. Sie war vierzig, ebenso alt wie Lennox, aber sie war häßlich geworden und hatte Kummerspeck angesetzt, während er aus demselben Grund schlank und sehnig geblieben war. Drei Kinder, das älteste ein vierzehnjähriges Mädel, saßen am Tisch und aßen die Reste ihres Abendbrotes.

Die Frau strickte weiter: «Ich wollte heute Feuer anmachen, hab aber keine Zeit gehabt.»

«Iris kann es ja anmachen», sagte Lennox und setzte sich an den Tisch. Das Mädel sah auf: «Ich hab aber noch nicht aufgegessen, Papa.»

Der schmeichlerische Ton ihrer Stimme machte ihn böse: «Kannst ja später aufessen», sagte er mit drohendem Blick. «Jetzt machste Feuer an; los! Beeil dich und hol Kohlen aus dem Keller.»

Sie rührte sich nicht, saß da mit dem Trotz eines

von der Mutter verzogenen Kindes. Lennox stand auf: «Ich will's nicht nochmal sagen müssen!» Tränen traten ihr in die Augen. «Vorwärts!» brüllte er, «tu, was man dir sagt!» Er kümmerte sich nicht um die Bitten seiner Frau, er solle doch aufhören, auf dem Kind herumzuhacken, und hob die Hand, um es auf Trab zu bringen.

«Ja doch, ich geh ja schon!» Sie stand auf und ging zur Kellertür. So setzte er sich wieder hin, und seine Blicke schweiften über den ordentlich gedeckten Tisch. Die Hände hielt er unter der Tischdecke fest verschlungen. «Was gibt's zum Abendbrot?» Die Frau sah wieder von ihrem Strickzeug auf: «Im Ofen stehen zwei Bratheringe.»

Er rührte sich nicht und spielte übellaunig mit Messer und Gabel. «Na?» fragte er, «soll ich vielleicht die ganze Nacht auf einen Happen zu essen warten?»

Ruhig nahm sie einen Teller vom Ofen und stellte ihn vor ihn hin. Zwei braune Heringe lagen dampfend darauf. «Wir könnten zur Abwechslung auch mal was anderes haben», sagte er und zog einen langen Streifen weißes Fleisch von der Gräte ab.

«Für was Besseres langt's beim besten Willen nicht», sagte sie, ihre zur Schau getragene Geduld war aber nicht das Mittel, ihn zu besänftigen, obwohl sie ohnehin nicht wußte, was der richtige

Weg dazu gewesen wäre. Und die Tatsache, daß er das durchschaute, machte alles noch schlimmer.

«Natürlich nicht!» gab er höhnisch zurück. Der Kohleneimer klapperte im Wohnzimmer, wo das Mädel Feuer anmachte. Langsam zerpflückte er seine Heringe, ohne sie zu essen. Die andern beiden Kinder saßen auf dem Sofa, beobachteten ihn und wagten nicht zu sprechen. Auf die eine Seite des Tellers legte er die Gräten, an die andere das Fleisch. Als die Katze sich an seinem Bein rieb, warf er ihr Fischstücke aufs Linoleum, und als er fand, daß sie genug hatte, trat er mit solcher Wut nach ihr, daß ihr Kopf gegen die Anrichte schlug. Sie sprang auf einen Stuhl und begann sich zu lecken, wobei sie ihn mit grünen, erstaunten Augen ansah.

Er gab einem der Jungen einen Sixpence für einen «Fußball-Guardian». «Mach aber schnell», rief er ihm nach. Er stieß den Teller fort und deutete auf die zerpflückten Heringe. «Darauf hab ich keine Lust. Schick jemand nach Kuchen; und mach mir frischen Tee», fügte er noch hinzu. «Dieser hier ist abgestanden.»

Das war zuviel. Warum machte er den Samstagnachmittag zu einer Hölle auf Erden? Ihre Schläfen klopften in heftigem Zorn. Über das wütende Herzklopfen hinweg schrie sie: «Wenn du Kuchen haben willst, dann hol ihn dir selbst, und deinen Tee kannst du dir auch selber machen!»

«Wenn ein Mann die ganze Woche schuftet, dann will er ein anständiges Abendbrot», sagte er und starrte sie finster an. Dann, auf den Jungen deutend: «Schick ihn nach Kuchen.» Der Junge war schon aufgestanden: «Du gehst nicht», sagte sie. «Setz dich hin. Hol dir deinen Kuchen selber! Das Essen, das ich dir vorsetze, ist für jeden gut genug!» erwiderte sie ihrem Mann. «Da ist nichts verkehrt daran, und du gibst so an. Die haben wohl das Spiel verloren; 'nen andern Grund für deine miese Laune kann ich mir nicht denken.»

Er war außer sich über diese wohlbegründete Rede und sprang auf, um ihr die Meinung zu sagen. «Was?» schrie er, «was glaubst du eigentlich, wen du vor dir hast?»

Ihr Gesicht lief dunkelrot an. «Du hast mich schon verstanden», schrie sie zurück. «Ein paar handfeste Wahrheiten können dir nur guttun!»

Er nahm den Teller mit dem Fisch und warf ihn mit übertriebener Bedächtigkeit zu Boden. «Da!» brüllte er, «dazu ist dein verdammtes Abendbrot gut!»

«Du gehörst ins Irrenhaus», schrie sie, «du bist ja übergeschnappt!» Er schlug sie einmal, noch einmal und warf sie zu Boden. Der kleine Junge wimmerte, und seine Schwester kam aus dem Wohnzimmer gelaufen.

Fred und seine Frau im Nachbarhaus hörten den Lärm durch die dünnen Wände. Sie konnten wohl den Tonfall der Stimmen unterscheiden und das Rücken der Stühle, merkten aber erst, als die schrillen Stimmen den Höhepunkt erreicht hatten, daß wirklich etwas los war.

«Ist das zu glauben?» sagte Ruby, glitt von Freds Knie herab und strich ihren Rock glatt. «Nur weil Nottingham wieder verloren hat! Was bin ich froh, daß du nicht so bist.»

Ruby war neunzehn, rundlich wie ein Apfel, aber nicht zerflossen wie ein Pudding, schon in anderen Umständen, obwohl sie erst einen Monat verheiratet waren. Fred hielt sie an der Taille fest: «Ich bin doch nicht blöde, daß ich mir von so was die Laune verderben lasse.»

Sie machte sich frei: «Und das ist dein Glück, denn wenn du so wärst, würde ich dir eine langen.»

Fred saß beim Feuer und grinste vor sich hin, während Ruby aus der Speisekammer etwas zu essen holte. Der Lärm im Nebenhaus hatte sich gelegt. Nach vielem Türenschlagen und Hin- und Herlaufen hatte Lennox' Frau die Kinder genommen und ihn diesmal endgültig verlassen.

Das Wettspiel

Ich schmücke mich nicht gern mit fremden Federn. Also, die Geschichte, die ich jetzt erzähle, stammt von dem Herrn von Radecki, einem der geistreichsten Feuilletonisten unserer Tage:

«... Das Hauptquartier der einen Mannschaft war das uralte Gasthaus ‹Zum scheckigen Kater›. Der Wirt dieses Gasthauses wollte seine Mannschaft zum stärksten Siegeswillen ermuntern und versprach ihr für jedes geschossene Tor ein Tönnchen Bier.

Kaum hörte das der Wirt vom ‹Grünen Drachen›, dem Hauptquartier der anderen Mannschaft, als er es mit dem Ehrgeiz bekam und dem seinigen Team ebenfalls ein Tönnchen Bier für jedes Tor versprach.

Noch vor der Halbzeit brachen beide Gastwirte, heftig gestikulierend, in das Feld ein und forderten das sofortige Abbrechen des Spiels! –

Vielleicht interessiert am Rande, daß das Spiel in diesem Augenblick 24:23 stand.»

Der erste Mann, der in einem deutschen Länderspiel ein Tor schoß, heißt Fritz Becker. Er ist jetzt Regierungsrat in Berlin.

Und das Spiel! Es war der erste Länderkampf des damaligen DFB. Wir verloren ihn in Basel; die Schweizer siegten 5 : 3. Zwei Tore hat Becker gemacht, ein drittes der Förderer vom großen Karlsruher Fußballverein.

So steht es in allen Chroniken, diesseits und jenseits der Alpen, in den Annalen der FIFA, in den Almanachen der Fußballnationen. Aber Fritz Becker sagt: Nein. Es stimmt nicht. Wir haben 2 : 5 verloren. Das Tor von Förderer war kein Tor; es war ein Lattenschuß.

Man muß wissen, daß es damals noch kaum eine Berichterstattung gab und schon gar keine Zeitung, die einen Mann um eines Fußballspiels willen nach der Schweiz geschickt hätte. Zur Internationalen Ausstellung von Rassekarnickeln und Zuchthähnen, ja! Zum Treffen der besten Skatspieler Europas: mit Wonne! Zu einem Wettkampf zwischen dem schnellsten Rennpferd und dem hurtigsten Radfahrer: nichts wie hin, und wenn's einen Tausender kostete!

Aber Fußball? Nee, Fußball war eine odiose Angelegenheit. Und deshalb hat Fritz Beckers Begründung einen winzigen Hauch von Wahrscheinlichkeit: In den Artikel eines Berichterstatters habe sich das 5:3 eingeschlichen, und seit dieser Zeit werde es geglaubt.

«Schön bist net...»

Sie sangen es beim Heurigen in Wien, die Kapellen spielten das Lied, die kleinen Buben in Hernals und Favoriten schmetterten es in der Pause: «Heute spielt der Uridil...»

Aber der große Stürmer im grünweißen Trikot von Rapid Wien mußte schließlich auch erst «werden», ehe er sein Lied bekam. Er fing als Bub schon an, das ist klar, im Weltkrieg wurde er entdeckt, 1919 aber schoß er schon Tore in Länderspielen des alten Oesterreich.

Der Uridil war losgewieselt, als wäre er ein kleiner Windhund, man sah ihm in diesem Augenblick den athletischen Mann gar nicht an.

Zsak im Tor der Ungarn spürte die Gefahr. Er fegte aus der Hütte und steuerte den Wiener so heftig an, daß die Schädel der beiden gewaltig aneinanderstießen. Es krachte, daß man es schier auf den obersten Plätzen der Hohen Warte hörte.

Der Ball aber, der Ball? Den hatte keiner der beiden «derwischt». Der Ball war ganz alleine über die Linie ins Netz gerollt. Es stand 2:0, und die Hohe Warte jauchzte.

Was die zwei Betroffenen in diesem Augenblick miteinander beredeten, das hat nur ein einziger gehört, der ganz in der Nähe stand; er hat es später ausgeplauscht.

Zuerst standen die beiden Spieler einander gegenüber, hielten sich die schmerzenden Schädel und machten sehr, na, sagen wir, keine ausgesprochen geistreichen Gesichter. Indessen zeigte sich auch auf diesem Gebiet Uridil als der Schlagfertigere.

Er prägte den klassischen Satz, über den ganz Fußball-Wien später lachte, den schmerzenden, zähneknirschenden Satz:

«Schön bist net... aber warm anzogen...!»

LUDWIG HEVESI

«Bewegung»

Wien, Ende Mai

Mit immer wachsender Strenge wird mir jetzt «Bewegung» verordnet. Also fuhr ich gestern in den Prater, mich durch etwas Fußball zu erfrischen. Natürlich nicht um selbsttätig einzugreifen, denn was müßte man mir zahlen, damit ich einem Ball, der mir nie im Leben was getan hat, einen

Fußtritt gebe! Zur Beschaffung dieser Summe müßte sich schon ein Trust bilden. Aber angeregt hat mich der Match doch sehr; man denke: Sieg der Wiener «Athletik» über «Sunderland», die drittbesten original-englischen Professionals. Ein Jubelsturm ging durch die Tausende, die den weiten Rasen, im Kreise der rotblühenden Kastanien, umsäumten. Weiber wurden zu Hyänen (heuer sind gestreifte modern), und eine Frau neben mir wollte, als die Männer ihre Hüte in die Luft warfen, unwillkürlich ihr Baby in die Höhe schleudern, aber der «Pamperletsch» hatte so wenig Lokalpatriotismus im Leibe, daß er sich schreiend an ihren Hals klammerte. Sieg Österreichs über England. Was wird erst geschehen, wenn wir die Dreadnoughts haben!

Zur Verbrüderung der Völker tragen, glaube ich, solch internationale Matches keineswegs bei. Eine Seeschlacht verlieren, gut, das kann jedem passieren; aber im Spiel unterliegen, im Sport, in der *smartness* und Feschität, das läßt einen Stachel zurück. Ein Pariser, der den Engländern wegen Abukir böse wäre, würde sich in Paris lächerlich machen. Man würde ihn ausstopfen, oder wenigstens als Kandidaten für das Parlament aufstellen. Aber ein Deputierter versuche es, ein siegreiches, englisches Pferd in Longchamp zu akklamieren. Er wäre unmöglich und könnte höchstens noch in den Senat kommen. Welche Aufregung in so einem

Publikum; welche eigene Sorte von feindseliger Höflichkeit. Welche nörgelnde Kritik an jedem «zugereisten» Trick, welche Entrüstung über jede niedliche Brutalität, ohne die es doch nicht abgehen kann. Ein Sunderländer schießt den Ball, knapp vor dem Goal, noch glücklich seitab ins Publikum. «Ui je! Das ist ja gar nicht professional, das ist ja Angst!» Die Gemäßigten räsonnieren sogar: «Da sieht man, mit was für Mitteln die arbeiten.» Gerecht wollen sie ja sein und weisen einen naiven Ausbruch von Gelächter zur Ruhe, als der Ball der Sunderländer in prächtigem Weitschuß auf dem Netzdach des Goals landet. Aber einer, der zufällig etwas Englisch spricht (mit was für einem Akzent!), kann sich doch nicht enthalten und ruft einem halblaut aufbegehrenden Engländer unten zu: «*You pe quied! sdubit poy!*» So eine zusammenhängende Rede geht ja nämlich doch schon einigermaßen über das einsilbige Sportenglisch hinaus, das in Wien schon jeder bessere Plattenbruder sich angeeignet hat. «Henz, Henz!» brüllt es im Chorus, wenn einer sich in der Not des Augenblicks mit der Hand geholfen hat. Das ist natürlich englisch «*hands*», aber ein freundlicher Jüngling aus Lerchenfeld erklärte mir, es sei dortiger Dialekt. Dann ruft es wieder von allen Seiten: «Faul faul!» Das ist doch selbstverständlich deutsch, wer hat je von einem englischen Worte «*foul*» gehört? Man wird sich doch nicht seine

Muttersprache wegannektieren lassen. Und «*out! out!*», das weiß auch jeder, der in der Lateinschule war, daß es «Entweder oder» bedeutet. Manche ziehen aber vor, «Audiridi» zu rufen; das gibt doch mehr aus.

Ja, auf Fußball vesteht man sich hierzulande doch schon. Das Zusehen und Zurufen hat man gründlich gelernt. Das summt wie in einem Bienenstock, und mittendurch schneidet irgendein scharfer Schrei, ein beschwörender Anruf, eine zornige Rüge. «Nix wie Zerfahrenheit! Keine Kombination!» – «Na ja, der Meyer kann's wieder nicht ausnützen!» – «Bravo, Kohn!» – «Der Bauer als Millionär.» – «Tempo! Tempo!» – «Pfui, Sunderland!» – «Die Sonn' geht heut so langsam hinter.» – «Schuß! Schuß! Schießen!» – «Drei Minuten noch.» – «So unentschlossen sind sie! Schuß!» – «Haha! Ausgeschlossen! Weil er den Schiedsrichter beleidigt hat. Ja, da gibt's nix, das ist ein Ungar. M.A.K.» Volkes Stimme das alles; mancher Ruf ist wie ein Symptom, oder eine Signalrakete, daß irgendwo irgendwas los ist, wichtiger als Fußball.

In den Kreisen der mitteleuropäischen Wehleidigkeit wird der Fußball noch immer nicht recht vertragen. Rohe Instinkte, heißt es, da es in einem anständigen Staate doch nur gargekochte Gefühle geben sollte. Die Bestie im Menschen soll sich nicht bei Tageslicht produzieren dürfen. Wann denn? Möglich, daß man dereinst bei Nacht Fußball spielen wird; etwa mit selbstleuchtenden Bällen, mit einer stark phosphoreszierenden Mischung bestrichen. Wer weiß, was die Zukunft des Fußballs noch bringt...

Ich wundere mich übrigens, daß Professionals noch immer so dilettantisch Fußball spielen. Es müßte doch zu solcher Vollkommenheit gebracht werden können wie durch Jackson Haynes das Schlittschuhlaufen und durch Kapitän Carver das Karabinerschießen. Wiener Dilettanten machen mit englischen Drittbesten zwei zu eins; das ist doch eine Blamage der Kunst. Das ist überhaupt noch keine Spur von Kunst.

Als ich zum ersten Male Isadora Duncan barfuß tanzen sah, mit ihren großen flachen «Tretern» und ihrem Rist von auffallend geringer Erhebung über die Meeresfläche, hatte ich den Eindruck, als spiele sie Fußball. Ihre kräftigen Fußtritte in die Luft, das energische Umherschleudern ihrer Knie schienen mir zunächst einem unsichtbaren Fußball gelten zu müssen. Aber man hätte doch heutzutage das Recht, auch auf dem Gebiete der Fußtrittkunst eine varietémäßige Virtuosität zu verlangen. Apollotheaterfähig ist so ein Sunderländer noch lange nicht. Es muß so weit kommen, daß das Goal nicht die Breite eines Fabrikstores hat, sondern der Goalmann in Person als Goal dient, mit ausgespreizten Beinen, durch deren A der Ball hindurch muß. Und die Gegner werden auch diesen Rekord schlagen, indem ihr Goalmann gar nicht erst die Beine zu spreizen braucht, sondern von Natur aus mit einem O geboren ist, durch das man hindurchschießt.

An dem jetzigen Fußballspiel ist einstweilen das Erfreulichste die Balgerei. Das ist ein gesundes Schauspiel, das den Blutumlauf im Auge befördert. Besonders auch in dem blauen Auge, das so mancher der Teilnehmer davonträgt. Und ebenso liebe ich die sittliche Zucht, die in Augenblicken, wo sich die seelische Spannung anderer Leute in schallenden Ohrfeigen entladen würde, sich's an einer stillen Verrenkung der kleinen Zehe genügen läßt. Und dann will ja auch der Kodak Momente finden, die der Mühe wert sind.

Einmal kam es vor, daß der Ball gleichzeitig aus drei verschiedenen Richtungen mit drei Schädeln aufgefangen wurde. Er flog in die Höhe und die drei Stirnen krachten gegeneinander, daß die sechs Augen gleichzeitig Feuer gaben. Das kann selbst der beste sechsläufige Revolver nicht. Einer der tapfersten Kämpfer sandte den Ball mit erhobenem Knie, indem er sich um seine Achse drehte, ins «Wasser», d.h. ins Ungültige hinaus. Dabei fuhr er mit der Fußspitze einem Feinde in die Weiche, so daß dieser den Atem als etwas vorläufig Überflüssiges verlor und ins Gras biß, an dem er dann längere Zeit angelegentlich fortkaute. Mehrere

Freunde kauerten zu ihm nieder und kollerten ihn etliche Male auf den Rücken und wieder auf den Bauch, dann schraubten ihm zwei den verrenkten Kopf wieder ein, klopften ihm die aus dem Scharnier geratene Nase zurecht, wischten mit einer Handvoll Gras etwas Rotes von seinem Mund und Kinn, stellten ihn dann auf die Sohlen und «pölzten» ihn von drei Seiten, bis er richtig wieder anfing, etwas Aufrechtem ähnlich zu sehen.

Und drei Minuten später war dieser Tote wieder so lebendig, daß er mit einem mächtigen Fußschwung den Ball zwar verfehlte, aber einem Feind, der eben zu einem vollgültigen Klubtritt ausholte, jeden solchen Gedanken aus dem Kleinhirn scheuchte. Der Getroffene bekundete sein Wohlgefallen bloß pantomimisch, indem er im Grase allerlei gewundene Körperbewegungen ausführte, die ein nicht so gut Getroffener niemals in solcher Qualität zustande bringen wird. Bloß der Umstand, daß an der nämlichen Stelle eben damals zwei Purzelbäume sich genau zentral begegneten, verhinderte den gleichzeitig mit Wucht niederfahrenden Ball, anderswo aufzuschlagen als auf die gefletschten Zähne des Erstgestürzten, deren vorderste daraufhin ihre exponierte Stellung aufgaben und sich in den Hintergrund des Mundes zurückzogen. Der Beifall, den diese vom Zufall kombinierte Episode hervorrief, war frenetisch. Ein zufällig nach außen gefallener Zahn des Verunglückten wurde durch dessen Freunde mit genauer Not vor dem Schicksal bewahrt, von den Feinden auf die Schultern gehoben und im Triumph durch die Bahn getragen zu werden.

Auf diese letzten Einzelheiten möchte ich allerdings nicht schwören. Sowohl die Ereignisse als auch die Extremitäten kreuzten sich in jenem Zeitpunkte mit solcher Raschheit, daß ich nicht alles genau feststellen konnte. Einige Pfui, die aus dem Publikum kamen, klangen ganz inkompetent. Was verstehen solche blutleeren Banksitzer von den höheren Knuffkünsten?

JOACHIM RINGELNATZ

Fußball
(nebst Abart und Ausartung)

Der Fußballwahn ist eine Krank-
Heit, aber selten, Gott sei Dank.
Ich kenne wen, der litt akut
An Fußballwahn und Fußballwut.
Sowie er einen Gegenstand
In Kugelform und ähnlich fand,
So trat er zu und stieß mit Kraft
Ihn in die bunte Nachbarschaft.

Ob es ein Schwalbennest, ein Tiegel.
Ein Käse, Globus oder Igel,
Ein Krug, ein Schmuckwerk am Altar,
Ein Kegelball, ein Kissen war,
Und wem der Gegenstand gehörte,
Das war etwas, was ihn nicht störte.
Bald trieb er eine Schweineblase,
Bald steife Hüte durch die Straße.
Dann wieder mit geübtem Schwung
Stieß er den Fuß in Pferdedung.
Mit Schwamm und Seife trieb er Sport.
Die Lampenkuppel brach sofort.
Das Nachtgeschirr flog zielbewußt
Der Tante Berta an die Brust.
Kein Abwehrmittel wollte nützen,
Nicht Stacheldraht in Stiefelspitzen,
Noch Puffer außen angebracht.
Er siegte immer, o zu 8.
Und übte weiter frisch, fromm, frei
Mit Totenkopf und Straußenei.
Erschreckt durch seine wilden Stöße,
Gab man ihm nie Kartoffelklöße.
Selbst vor dem Podex und den Brüsten
Der Frau ergriff ihn ein Gelüsten,
Was er jedoch als Mann von Stand
Aus Höflichkeit meist überwand.
Dagegen gab ein Schwartenmagen
Dem Fleischer Anlaß zum Verklagen.
Was beim Gemüsemarkt geschah,

Kommt einer Schlacht bei Leipzig nah.
Da schwirrten Äpfel, Apfelsinen
Durchs Publikum wie wilde Bienen.
Da sah man Blutorangen, Zwetschen
An blassen Wangen sich zerquetschen.
Das Eigelb überzog die Leiber,
Ein Fischkorb platzte zwischen Weiber.
Kartoffeln spritzten und Zitronen.
Man duckte sich vor den Melonen.
Dem Krautkopf folgten Kürbisschüsse.
Dann donnerten die Kokosnüsse.
Genug! Als alles dies getan,
Griff unser Held zum Größenwahn.
Schon schäkernd mit der U-Bootsmine
Besann er sich auf die Lawine.
Doch als pompöser Fußballstößer
Fand er die Erde noch viel größer.
Er rang mit mancherlei Problemen.
Zunächst: Wie soll man Anlauf nehmen?
Dann schiffte er von dem Balkon
Sich ein in einem Luftballon.
Und blieb von da an in der Luft.
Verschollen. Hat sich selbst verpufft. –
Ich warne euch, ihr Brüder Jahns,
Vor dem Gebrauch des Fußballwahns!

QUELLENVERZEICHNIS

An dieser Stelle danken wir den nachstehenden Rechtsinhabern, die uns freundlicherweise den Nachdruck folgender Beiträge gestatteten: dem Autor: *F. C. Delius · Vier Londoner Limericks*; Deutsche Verlagsanstalt, Stuttgart: *Hans Blickensdörfer · König Fußball* (aus: «Ein Ball fliegt um die Welt», 1994); Diogenes Verlag AG, Zürich: *Luciano De Crescenzo · Der Doppelgänger* (aus: «oi dialogoi. Von der Kunst, miteinander zu reden», 1987) und *Alan Sillitoe · Samstagnachmittag* (aus: «Die Einsamkeit des Langstreckenläufers», 1967); Engelhorn Verlag, Stuttgart: *Hans Blickensdörfer · Als der liebe Gott Libero spielte* (aus: «Flanken und Strafstöße», 1987); Haffmanns Verlag AG, Zürich: *Eckhard Henscheid/Ror Wolf · Das ideale deutsche Mittelfeld* (aus: Eckhard Henscheid «Wie man eine Dame verräumt». Ausgewählte Satiren und Glossen. Dritte Folge 1971–1990, 1990) und *Ror Wolf · Rammer und Brecher* (aus: «Das nächste Spiel ist immer das schwerste. Alte und neue Fußballspiele», 1990); Carl Hanser Verlag, München und Wien: *Walter Jens · Vorbei, die Eimsbütteler Tage* (aus: «Netzer kam aus der Tiefe des Raumes», herausgegeben von Ludwig Harig und Dieter Kühn, 1974); Henssel Verlag, Berlin: *Joachim Ringelnatz · Fußball*; Langewiesche

Brandt KG, Ebenhausen: *Dino Buzzati · Die Fußballmeister* (aus: «Aufgeben oder verdoppeln»); Paul List Verlag, München: *Dieter Hildebrandt · Das entscheidende Spiel* (aus: «. . . über die Bundesliga. Die verkaufte Haut», 1979); Otto Müller Verlag, Salzburg: *Giovannino Guareschi · Die Niederlage* (aus: «Don Camillo und Peppone»); R. Piper & Co Verlag, München: *Karl Valentin · Fußball-Länderkampf* (aus: «Brillantfeuerwerk. Gesammelte Werke in 1 Band», 1961); Südwest Verlag, München: *Hans Blickensdörfer · Der Kaiser und die Perle* (aus: «Der Kaiser», 1991); Suhrkamp Verlag, Frankfurt am Main: *Peter Handke · Die Angst des Tormanns beim Elfmeter* (aus: «Die Angst des Tormanns beim Elfmeter», 1970); und *Ödön von Horváth · Legende vom Fußballplatz* (aus: «Gesammelte Werke, Band 3», 1970).

In jenen Fällen, in denen es nicht möglich war, den Rechtsinhaber resp. Rechtsnachfolger zu eruieren, konnte ausnahmsweise keine Nachdruckerlaubnis eingeholt werden. Honoraransprüche der Autoren oder ihrer Erben bleiben gewahrt.

KLEINE BETTLEKTÜRE
FÜR MENSCHEN
MIT LIEBHABEREIEN

Angler · Autofahrer

Bergsteiger · Bierkenner

Blumenfreunde · Bücherfreunde

Computerfreaks · Eisenbahnfreunde

Fahrradfreunde · Fußballer

Gartenfreunde · Golfer

Hobbyköche · Hundefreunde

Kaffegenießer · Katzenfreunde

Musikfreunde · Naturfreunde

Opernfreunde · Pfeifenraucher

Pferdefreunde · Reiselustige

Segler · Teddybärenfreunde

Teetrinker · Tennisfans

Theaterfreunde · Tierfreunde

Wanderer · Wasserratten

Weinkenner

KLEINE BETTLEKTÜRE
ALS AUFMERKSAMKEIT UND
HERZLICHES DANKESCHÖN FÜR

Dich, mein Herz · Dich, mein Schatz

meine liebe Frau · die werdende Mutter

meine liebe Mutter · vielgeplagte Mütter

Frauen mit Herz und Verstand · Frauen mit Charme

meinen lieben Mann · den besten aller Väter

die allerbeste Großmutter

den verständnisvollen Großvater

die beste aller Schwiegermütter

meinen lieben Schwiegersohn

meine liebe Schwägerin · meinen lieben Schwager

meine liebe Tante

meine liebe Schwester · meinen lieben Bruder

eine gute Freundin · einen guten Freund

Männer mit Phantasie und Tatkraft · kluge Köpfe

Strohwitwer

liebenswürdige Gastgeber

die sympathische Kollegin · den netten Kollegen

den klugen Juristen

den wahren Lebenskünstler · den Linkshänder

einen lieben Mitmenschen · nette Nachbarn

KLEINE BETTLEKTÜRE FÜR

Alter-Fritz-Kenner · Bach-Freunde
Beethoven-Bewunderer · Brahms-Freunde
Wilhelm-Busch-Freunde · Ebner-Eschenbach-Freunde
Fontane-Freunde · Goethe-Freunde
Martin-Luther-Verehrer · Mozart-Verehrer
Storm-Kenner · Wagner-Verehrer

KLEINE BETTLEKTÜRE ALS HERZLICHE AUFMERKSAMKEIT FÜR EINEN BESONDEREN ANLASS

zur guten Besserung
als herzliches Dankeschön
als Gratulation zum Erfolg · für einen guten Start
zum freudigen Ereignis · zum Einzug in das neue Heim
für liebenswerte Geburtstagskinder
mit guten Wünschen zum 33., 40., 44.,
50., 55., 60., 65., 66., 70. Geburtstag
als Glücksbringer · zum Hochzeitstag
mit den schönsten Liebesgedichten
zur silbernen Hochzeit
für ein glückliches Leben zu zweit
für ein glückliches Leben im Ruhestand
zur Frühlings- und Osterzeit
für alle, die sich auf Weihnachten freuen
mit den besten Wünschen zum Jahreswechsel